L'ensauvagement de la France

Du même auteur

Omar Raddad. Un combat pour la vérité, Éditions du Rocher, 2022.

Bataclan, Paris, Stade de France. Le procès, Éditions du Rocher, 2021.

Gare aux gourous. Santé, bien-être. Enquête sur les dérives thérapeutiques d'aujourd'hui, Éditions du Rocher, 2020.

Bataclan. L'enquête vérité, Éditions UPPR, 2017.

Q*ui imagine le Général de Gaulle mis en examen ?*, Éditions First, 2017.

Lettre ouverte à Christiane Taubira, garde des Sceaux, Éditions First, 2014.

Propagande noire, avec Alexandre MALAFAYE, Éditions Kero, 2013.

Apocalypse menace imminente ? Les sectes en ébullition, Calmann-Lévy, 2012.

Criminels récidivistes. Peut-on les laisser sortir ?, L'Archipel, 2009.

La Justice face aux dérives sectaires, rapport au Premier ministre, La Documentation française, 2008.

Presse-Justice : liaisons dangereuses, L'Archipel, 2007.

Un juge en colère : en finir avec le juge d'instruction, Éditions Le Félin, coll. « Questions d'époque », 2005.

L'insécurité, Éditions des Syrtes, 2002.

Tolérance zéro. En finir avec la criminalité et les violences urbaines, Grasset, 2001.

Face aux sectes : politique, justice, État, Presses universitaires de France, 1999.

Une idée certaine de la France, ouvrage collectif sous la direction de Alain GRIOTTERAY, France-Empire, 1998.

La moralisation des marchés publics, avec Philippe PETIT, Presses universitaires de France, coll. « Que sais-je ? », 1998.

Main basse sur la justice. Les années noires de Mitterrand à aujourd'hui, JC Lattès, 1997.

Georges Fenech

L'ensauvagement de la France

La responsabilité des juges et des politiques

éditions du
ROCHER

Éditions du Rocher
28 rue Comte Félix-Gastaldi – BP 521 – 98015 Monaco

www.editionsdurocher.fr

ISBN : 978-2-268-10940-4
EAN Epub : 9782268109732

En mémoire de…

En mémoire de l'innocence martyrisée, de Lola, Maëlys, Delphine, Justine, Estelle, Sophie, Sihem, Rose, de toutes les adolescentes et jeunes femmes victimes de prédateurs lâchés en pleine nature, je nous accuse, juges et politiques, de n'avoir pas su les protéger en mettant définitivement hors d'état de nuire des criminels dangereux.

En leur mémoire, je nous accuse de non-assistance à innocence en danger.

En mémoire de toutes les victimes de féminicide, d'Amanda, Alexia, Chahinez brûlée vive sur un trottoir de Mérignac, je nous accuse, juges et politiques, de ne pas avoir désarmé le bras de leur bourreau quand il était encore temps.

En leur mémoire, je nous accuse de non-assistance à femmes en danger.

En mémoire d'Anas, Bilel, Tidiane, Adrien, Yuriy, Aymane, de tous ces jeunes, froidement abattus par d'autres jeunes, à l'arme blanche ou à la kalachnikov, dans des règlements de compte sur fond de trafic de stupéfiants, je nous accuse, juges et politiques, de ne pas avoir su dissuader des mineurs sur le chemin de la délinquance.

En leur mémoire, je nous accuse de non-assistance à enfance en danger.

En mémoire de la policière municipale Aurélie Fouquet, du policier Xavier Jugelé, du couple de policiers de Magnanville, Jean-Baptiste Salvaing et Jessica Schneider, du colonel Arnaud Beltrame, du lieutenant de police Ahmed Mérabet, des militaires de Montauban Mohamed Legouad et Abel Chennouf, du brigadier Éric Masson, du professeur Samuel Paty, je nous accuse, juges et politiques, de les avoir exposés à l'obscurantisme et l'idéologie mortifère qui se répandent dans des cités interdites.

En leur mémoire, je nous accuse de tolérance coupable, d'impuissance et de non-assistance aux représentants de l'autorité en danger.

En mémoire des victimes de la liberté d'expression massacrées à *Charlie Hebdo*, en mémoire de Stéphane, Thomas, Guillaume, Nicolas, Baptiste, Precilia, Elsa, Romain, Suzon, Marion, Charlotte, Djalal, Djamila… des cent trente vies fauchées en plein cœur de Paris, en pleine insouciance, en pleine jeunesse, en mémoire des quatre-vingt-quatre innocents fauchés sur la baie des Anges, en mémoire du père Olivier Maire, du père Jacques Hamel, sacrifiés sur l'autel de l'impuissance coupable. Je nous accuse, juges et politiques, de ne pas avoir su réagir, quand tous les clignotants étaient au rouge, quand la gangrène de la radicalisation islamiste prospérait dans les quartiers, quand la barbarie et l'obscurantisme fourbissaient leurs projets funestes.

En leur mémoire, je nous accuse, juges et politiques, de n'avoir pas été capables d'empêcher les hordes de barbares de déferler au Bataclan, sur la promenade des Anglais, ou sur le marché de Noël de Strasbourg.

En leur mémoire, je nous accuse d'impuissance et de non-assistance à civilisation en danger.

En mémoire de Jonathan Sandler et ses jeunes fils Gabriel et Arié, en mémoire de Myriam, en mémoire des victimes de l'hyper-cacher de Vincennes, de Ilan Halimi, Sarah Halimi, en mémoire de toutes les victimes du racisme et de l'antisémitisme, je nous accuse, juges et politiques, de ne pas avoir su protéger nos compatriotes de confession juive vivant sur notre sol.

Je nous accuse d'avoir laissé prospérer dans les cités le ferment de la haine et la sauvagerie, par manque de courage et de lucidité.

En tant que moi-même juge et politique, je prends ma part de responsabilité pour n'avoir pas réussi à réveiller les torpeurs, ni suffisamment dénoncé les utopies des militants de l'abolition de la prison et des frontières, de n'avoir pas débusqué les beaux esprits toujours prêts à excuser l'inexcusable.

Je nous accuse, juges et politiques, d'impuissance coupable et de non-assistance à France en danger.

Introduction

> *« L'homme n'apprend vraiment qu'en reconnaissant ses propres erreurs. »*
>
> *Jean-Paul II*

Depuis un demi-siècle, une culture de l'excuse a insidieusement pénétré les esprits, au motif que la société bourgeoise, produisant des inégalités sociales et économiques, générerait des transgressions de la loi, somme toute légitimes. Dès lors, les émeutes des banlieues ne seraient en réalité que l'expression contemporaine de la nouvelle lutte des classes. Il faudrait donc entendre les revendications de ceux qui cassent les symboles de l'oppression, qui incendient les véhicules qu'ils ne peuvent s'offrir, qui s'attaquent à une « police qui tue ». La mission du juge serait dorénavant de renverser cet ordre injuste, en s'attaquant en premier lieu au pilier du système, la justice répressive. Cette approche de la criminalité recevra l'entière bénédiction de François Mitterrand dès son arrivée au pouvoir : « Il ne faut pas se laisser aller aux campagnes d'affolement et c'est, là encore, par la solidarité que nous mettrons un terme à la délinquance[1]. » Convaincus de l'inutilité de la prison, des bataillons entiers d'une armée en robe noire et chamarrée d'hermine allaient assiéger l'École nationale de la magistrature et investir les prétoires pour parvenir à imposer leur idéologie permissive.

On aurait pu s'attendre à ce que la droite, une fois de retour au pouvoir, au gré des alternances, en finirait avec une justice hautement politisée qui avait capitulé face à la criminalité. On aurait pu imaginer que les vieilles lunes d'une gauche judiciaire post-soixante-huitarde soient reléguées aux oubliettes d'une révolution printanière. Il n'en fut rien. Toujours très en verve dans l'opposition sur les questions de sécurité, une fois de retour aux affaires, la droite finissait par se soumettre à la nouvelle doxa, à se résoudre peu ou prou à la même politique molle à l'égard de la délinquance et à la même bienveillance à l'égard des clandestins venus réclamer réparation de nos péchés coloniaux. En vérité, elle s'est elle-même agenouillée devant des révolutionnaires en robe, portés aux nues par nombre de médias. Ainsi, depuis un demi-siècle, le peuple assiste médusé au laisser-faire des juges et politiques, responsables de toutes les fractures sécuritaire, territoriale, ethnique, sociale et religieuse. Après tant de renoncements, la France tient aujourd'hui en équilibre fragile, risquant à tout moment de sombrer sous les coups de boutoir de ses ennemis de l'intérieur.

Quand précisément cette idéologie permissive a-t-elle pris naissance et comment s'est-elle propagée au sein de la

---

1. *Le Monde*, 4 mai 1982.

magistrature ? Comment s'est-elle imposée à une grande partie de la classe politique et médiatique ? Qui sont-ils, ces militants qui épargnent les agresseurs, clandestins et trafiquants de stupéfiants, tandis qu'ils brocardent sur un « Mur des cons » ceux qui se soucient davantage du sort malheureux des victimes ? D'où leur vient cette perception singulière du criminel comme étant avant tout la première victime d'un système discriminant, et du clandestin comme étant d'abord le créancier d'un crime de colonisation ? D'où leur vient cette mansuétude, cet esprit miséricordieux à l'égard de tous les hors-la-loi ? D'où est-il descendu, tel l'archange saint Michel, ce bon juge messianique à la mission rédemptrice ? Comment a-t-elle prospéré, cette génération spontanée de magistrats, qu'on a appelés les « juges rouges », ceux, plus prompts, à dégainer les foudres de la loi contre les turpitudes des élites, que contre la voyoucratie défiant toute autorité ?

Chapitre 1

La fracture sécuritaire

« Les lois désarmées tombent dans le mépris. »
Jean-François Paul de Gondi, cardinal de Retz

L'explosion de la criminalité violente

« La violence, sous quelque forme qu'elle se manifeste, est un échec. »

Jean-Paul Sartre

Le meurtre cruel de la petite Lola ou la mise à mort d'Ilan Halimi par le gang des barbares, parce que juif, comme tant d'autres innombrables victimes, resteront à jamais gravés dans nos mémoires. Les marches blanches se succèdent au rythme des assassinats et des disparitions inquiétantes. La violence frappe aveuglément en tout point du territoire. Chaque jour apporte son lot de règlements de comptes entre bandes rivales, d'émeutes urbaines, d'attaques de commissariats au mortier, d'actes de terrorisme, de crimes sordides, de viols, de féminicides. Dans les quelque 1 500 cités de non-droit que compte aujourd'hui notre pays, des caïds de la drogue font régner leurs lois, n'hésitant plus à s'attaquer à tout représentant de l'autorité : militaires, policiers, gendarmes, pompiers, élus, enseignants… Même dans des régions jusque-là épargnées, la vie quotidienne devient un cauchemar pour les habitants, exposés à des dégradations, des injures, des squats de halls d'immeubles, des regards menaçants de dealers croisés en bas de son domicile, ou pire à une agression subite à l'arme blanche. Ceux qui le peuvent, changent de domicile. Certains organisent des « tours de garde », s'érigent en « voisins vigilants », constituent une milice pour retrouver l'auteur d'un viol. Entre 1988 et 2023, le nombre d'agressions a explosé, passant de 40 000 à 300 000, soit une progression de 750 %[1] ; 44 000 attaques à l'arme blanche ont lieu chaque année, soit en moyenne 120 attaques au couteau par jour ; 122 000 agressions sont commises par an dans les transports, soit en moyenne 330 par jour. Entre 2009 et 2018, nous sommes passés de 1 767 homicides, tentatives d'homicides et coups mortels, à 3 168, soit une augmentation de plus de 79 %. Une centaine de bandes rivales sévit dans tout le pays, provoquant des morts violentes par arme à feu ou à l'arme blanche. Pour la seule année 2020, on recensait 350 affrontements entre bandes, ayant provoqué 3 morts et 280 blessés. Les chiffres officiels de la délinquance sont tous en hausse pour l'année 2022 : homicides +8 % (948, soit 69 de plus qu'en 2021) ; violences intrafamiliales +17 % ; agressions sexuelles +11 % ; agressions violentes +14 % ; 1 500 élus agressés en 2022, soit +15 % ; escroqueries +8 % ; cambriolages +11 % ; vols de véhicules +9 %[2].

1. Institut pour la justice, 1er décembre 2022.

2. Données du Service statistique ministériel de la sécurité intérieure, 31 janvier 2023.

Cette spirale infernale n'est pas une fatalité. Des solutions existent, à condition d'en avoir la volonté politique et judiciaire. Il faut en tout premier lieu s'attaquer frontalement au trafic de stupéfiants, « la matrice de toutes les délinquances[3] » selon l'ancien ministre de l'Intérieur Christophe Castaner. Un fléau qui « détruit une part de notre jeunesse, constitue une économie parallèle dévastatrice, et paralyse des quartiers entiers de notre République[4] », s'alarme l'ancien Premier ministre Jean Castex.

Face à une détermination politique jamais démentie, cette gangrène reste de nos jours à l'origine d'une grande partie des crimes et délits. L'une des explications de cet échec est à rechercher dans la faiblesse de la réponse pénale, qui ne dissuade ni les trafiquants ni les usagers. À tel point que la France prend des allures de narco-État. On rappellera qu'au Mexique, cette guerre aurait provoqué en quinze ans quelque 300 000 morts[5]. Il ne faudrait pas sous-estimer ce risque, au regard de la montée en puissance en Europe des narco-trafiquants, alerte Laure Beccuau, procureure de Paris : « Il suffit de regarder ce qui se passe en Belgique et aux Pays-Bas pour démontrer que les organisations que l'on affronte n'ont aucune limite dans leurs moyens financiers, aucune limite dans leurs frontières, ni dans leurs champs d'action. [...] Si on n'a pas une réaction suffisante,

---

3. Présentation à Marseille du plan national de lutte contre le trafic de stupéfiants, 17 septembre 2019.

4. Comité interministériel de lutte contre les stupéfiants, 28 mai 2021.

5. RFI, 1er avril 2022.

cette contagion est annoncée. [...] Il n'y a aucune raison objective pour que notre pays soit épargné[6] ».

La procureure de Paris se gardait toutefois de définir quelle forme prendrait cette « réaction suffisante ». Ne faudrait-il pas remédier d'abord au manque de fermeté des tribunaux et à l'inexécution des peines, à l'origine du sentiment d'impunité des caïds de la drogue ? La dégradation ne s'explique-t-elle pas d'abord par la défaillance d'une politique pénale à la hauteur des enjeux ? À cet égard, les enquêteurs de terrain accepteront-ils encore longtemps de mener ce combat si, au bout du compte, la justice ne suit pas leur travail mené au péril de leur vie, comme le film *Bac Nord* ou la série *Athéna* l'ont révélé au grand public ?

Dans cette explosion de la violence, la proportion des mineurs délinquants a atteint des sommets vertigineux. Ils sont de plus en plus nombreux et de moins en moins contrôlables. Héritiers des « sauvageons », que stigmatisait, il y a plus d'une vingtaine d'années, Jean-Pierre Chevènement[7], les petits caïds des quartiers sont un véritable défi pour notre société. Leur implication dans des affaires pénales, et notamment le trafic de stupéfiants, oscillait dans la décennie 1980 autour de 100 000, puis, dans les années 1990-2000, autour de 180 000, et aujourd'hui, autour de 200 000.

En quarante ans, on constate que la délinquance des mineurs a doublé, qu'elle représente globalement

6. *Le Monde*, 18 novembre 2022.

7. Lors de ses vœux à la presse, 12 janvier 1999.

un crime ou délit sur cinq, toutes catégories d'infractions confondues. Dans le détail, ils sont concernés dans 46 % des violences sexuelles sur mineurs, 40 % des vols violents, 30 % des coups et blessures volontaires sur moins de 15 ans, 20 % dans le trafic de stupéfiants[8]. Là encore, l'explosion de la délinquance juvénile est la conséquence directe de l'impunité dont elle bénéficie de la part des tenants de la culture de l'excuse. La justice des mineurs est restée arc-boutée sur le vieux principe du primat de l'éducatif, datant de 1945, consistant à toujours privilégier la simple mesure éducative au détriment de la sanction pénale. Or, les jeunes rebelles de 2023 n'ont plus rien de commun avec ceux de l'après-guerre, dont la situation de grande précarité avait inspiré les auteurs de l'ordonnance du 2 février 1945 : « La guerre et les bouleversements d'ordre matériel et moral qu'elle a provoqués ont accru dans des proportions inquiétantes la délinquance juvénile [...] Le projet d'ordonnance ci-joint atteste que le gouvernement provisoire de la République française entend protéger efficacement les mineurs, et plus particulièrement les mineurs délinquants ». Le primat de l'éducatif avait à cette époque toute sa justification. Une prise en charge socio-éducative s'imposait pour ces orphelins de pères disparus à la guerre, livrés à eux-mêmes, commettant des larcins pour survivre.

En débutant ma carrière dans les fonctions de substitut des mineurs dans un petit parquet de province, j'avais été

8. Chiffres clés du ministère de la Justice.

frappé de découvrir que des multirécidivistes endurcis n'avaient jamais écopé d'un seul jour de prison, malgré des casiers judiciaires portant mention de dix, vingt, trente condamnations. Ils s'en sortaient toujours avec de simples mesures éducatives, telles que l'admonestation, la remise à parents, le placement en établissement spécialisé, la liberté surveillée préjudicielle et, pour les plus récalcitrants, une peine de prison assortie d'un sursis simple ou probatoire. Jamais de l'emprisonnement ferme! Fort de cette impunité, le jeune délinquant retrouvait son quartier, renforcé dans son statut de caïd, après avoir affronté en vainqueur la police et la justice.

Un soir, alors que j'empruntais à pied la passerelle de la Saône qui mène sur l'esplanade du Palais de justice historique de Lyon, ville où j'avais exercé les fonctions de juge d'instruction spécialisé dans la délinquance des mineurs, un homme, la quarantaine, de type maghrébin, m'interpella: « Vous êtes bien le juge Fenech? » J'acquiesçai, un peu surpris, me tenant sur mes gardes, comme toujours en pareilles circonstances. « Je m'appelle Abdelkrim, vous ne vous souvenez pas? Je tenais à vous remercier pour m'avoir collé un mois en prison quand j'avais 16 ans! », me lança-t-il. Devant mon étonnement, il ajouta: « Grâce à vous, je n'ai plus jamais recommencé mes bêtises. Vous êtes le premier juge qui m'a fait prendre conscience que je faisais n'importe quoi. Aujourd'hui, j'ai un travail et je suis père de famille. Merci monsieur le juge! » N'ayant conservé aucun souvenir de son affaire, je lui fis simplement part de ma satisfaction d'apprendre, tant d'années plus tard, que ce sévère avertissement lui avait été salutaire. Sous un ciel étoilé, au pied de la colline où domine la basilique de Fourvière, je poursuivais mon pèlerinage vers les « 24 colonnes », le cœur léger.

Le pédopsychiatre Maurice Berger, qui a longtemps exercé en Centre éducatif renforcé, rapporte une intéressante expérience que devraient méditer tous les juges des mineurs : « Une juge des enfants avait décidé il y a quelques années de ne pas appliquer la loi en cours et de prononcer des peines effectives de 15 jours de prison pour les mineurs délinquants. Résultat : tous lui ont écrit pour la remercier de leur avoir montré ce qui les attendait dans la vie et ont modifié leur comportement. La prison n'est donc pas l'école du crime[9]. » Autre témoignage éclairant, celui d'une magistrate confrontée à un majeur âgé de 18 ans, qui n'avait pas été spécialement marqué par ses multiples comparutions devant la justice : « Il ne se souvient d'aucune rencontre avec la justice, car il n'y a eu aucune peine matérialisée. Et il ne comprend absolument pas pourquoi cette fois il va être condamné à une forte peine de prison. La parole, le *logos*, n'a laissé aucune trace. Ce qui aurait peut-être été différent avec le *drasteos*, l'action efficace[10]. »

On aurait pu espérer, à l'occasion de la réforme du Code pénal des mineurs du 11 septembre 2019, que le ministre de la Justice, Éric Dupont-Moretti, remette en cause le tout éducatif prôné par l'obsolète ordonnance du 2 février 1945. Il n'en fut rien, bien au contraire ! L'ancien avocat a introduit une innovation de taille, dont on peut

---

9. Institut pour la justice, n° 47, mai 2022.

10. Dr Maurice Berger, *Sur la violence gratuite en France. Adolescents hyper-violents, témoignages et analyses*, Éditions L'Artilleur, 2019.

craindre qu'elle ne renforce encore davantage le sentiment d'impunité : la césure du procès pénal ! Concrètement, dorénavant, on ne prononcera plus de condamnation à la première audience, laquelle sera exclusivement consacrée à l'étude des faits et à la déclaration de culpabilité. Ce ne sera qu'au cours d'une seconde audience, fixée à six mois plus tard, que le tribunal décidera d'une éventuelle sanction, en fonction du comportement qu'aura démontré entre-temps le jeune délinquant.

Or, que peut signifier une peine aussi éloignée de la date de commission des faits dans la tête d'un mineur ? En saisira-t-il toute la portée, à supposer qu'elle soit prononcée ? On est en droit de se demander, face à cette quasi-impunité, si le juge et le législateur ne se posent jamais la question de leur responsabilité dans l'explosion de la violence qui touche de nos jours toute une partie de la jeunesse ? Leur arrive-t-il d'avoir une pensée pour Anas, Bilel, Tidiane, Adrien, Yuriy, Aymane, victimes de jeunes meurtriers ?

Ajoutons qu'une partie significative de cette délinquance juvénile est aujourd'hui imputable aux mineurs non accompagnés (MNA), d'origine étrangère, qui remplissent jusqu'à 50 % certaines prisons pour mineurs. Leur nombre en 2005 était estimé à 2 500. Il est passé en 2019 à 30 000[11]. Arrivés clandestinement des pays du Maghreb ou sub-sahariens, ils pèsent de surcroît très lourdement sur les budgets des départements, à hauteur

11. Rapport de l'Inspection générale des affaires sociales, novembre 2020.

d'environ 1,1 milliard d'euros annuels[12]. Sans compter que beaucoup d'entre eux sont en réalité déjà majeurs. Ils tentent de se faire passer pour mineurs en se débarrassant de leurs papiers d'identité, dans l'espoir d'échapper à une expulsion.

Pour traiter de cette délinquance spécifique, des brigades spécialisées ont été créées. Elles sont parvenues à établir des liens avec les autorités consulaires qui ont répondu en 2022 sur 4000 cas litigieux. Résultat? Sur la moitié des réponses obtenues, 93 % des prétendus mineurs étaient en réalité majeurs. Selon le procureur de Paris, Rémi Heitz: « Une minorité de MNA commet des délits, principalement des vols et des cambriolages, à une fréquence très élevée et pose de très sérieux problèmes d'ordre public dans les quartiers où ils s'installent, car ces mineurs sont fréquemment armés et polytoxicomanes[13]. »

On découvrait récemment que ces jeunes délinquants étaient de plus en plus souvent recrutés par des réseaux criminels, façon mercenaire, pour attaquer les forces de l'ordre au mortier, moyennant une somme d'argent après passage à l'acte. Ainsi, le 28 novembre 2022, une patrouille de police est prise pour cible à Saint-Ouen, en Seine-Saint-Denis, par l'un d'entre eux, lequel est relâché dès le lendemain, en raison de son âge. Rien d'étonnant quand on sait que ces mineurs étrangers bénéficient de toute l'attention des juges. « La suspicion permanente pénètre jusque dans le terrain judiciaire, dénonçait

---

12. Rapport sénatorial, n° 854, 29 septembre 2021.

13. Institut pour la justice, n° 54, mars 2021.

ainsi le Syndicat de la magistrature (SM) : plutôt que de condamner les Conseils généraux qui refusent de prendre en charge les mineurs étrangers isolés, ces enfants déracinés que l'administration malmène en ne les voyant que comme une charge insoutenable, l'institution judiciaire s'attaque à la fraude[14] ! »

Juges et politiques, si préoccupés par le sort des clandestins et délinquants, ne se posent-ils jamais de questions sur leur propre responsabilité dans le sort tragique de Lola, Samuel Paty, Ilan Halimi, ou celui des pères Olivier Maire et Jacques Hamel, et plus généralement de toutes les victimes de la barbarie en provenance d'autres rives ? Ne se demandent-ils jamais si ces morts auraient pu être évitées par une politique migratoire maîtrisée et une justice répressive réarmée ?

14. *J'essaime*, n° 28, septembre 2014.

Face à face

« Aujourd'hui, on vit côte à côte, je crains que demain on puisse vivre face à face. »

Gérard Collomb, discours de passation de pouvoir place Beauvau, 3 octobre 2018

Depuis mon poste d'observation lyonnais, dans les années 1980-1990, j'ai pu me rendre compte très tôt de la pente glissante sur laquelle nous risquions d'être entraînés. J'ai été témoin des premiers embrasements des « 3V » comme on les désignait : Villeurbanne, Vaulx-en-Velin, Vénissieux. Mon menu quotidien : trafic de stupéfiants, règlements de comptes à la kalachnikov, incendies de véhicules, vandalisme, rébellions, rodéos, caillassage des forces de l'ordre. À cette époque, les Français assistaient aux prémices d'un ensauvagement qui frapperait, quelques années plus tard, partout dans le pays, faute d'avoir été déterminé à l'endiguer.

Les premiers guets-apens contre les forces de l'ordre sont nés en 1979, 1980, 1981 dans ces banlieues lyonnaises, et plus précisément dans le quartier de la Grappinière à Vaulx-en-Velin, dans celui des Minguettes à Vénissieux, et dans la cité Olivier-de-Serres à Villeurbanne, aujourd'hui démolie. Le même scénario allait se répandre dans tous les quartiers sensibles. Il consistait à dérober une grosse cylindrée, à faire ronfler le moteur dans le quartier en se livrant à un petit rodéo entre les barres d'immeubles, avant de l'incendier. Arrivés précipitamment sur les lieux, les pompiers et la police essuyaient aussitôt un caillassage de très jeunes individus, les contraignant à battre en retraite. Revenues en plus grand nombre, les forces de l'ordre étaient cette fois accueillies par les « grands frères » embusqués, à coups de cocktails Molotov… et c'est toute la banlieue qui s'embrasait ! La guérilla inventée dans les « 3V » venait de faire son apparition dans ces quartiers construits à la hâte dans les années 1960 pour accueillir les premières vagues migratoires.

Depuis mon cabinet niché dans les combles du Palais de justice historique, en bordure de Saône, j'inculpais à flux continus ces jeunes dealers, auteurs de règlements de compte et d'agression sauvages, dans l'écrasante majorité issus de l'immigration. Écopant de peines légères, ils séjournaient quelque temps à la maison d'arrêt Saint-Paul avant de retourner en caïds dans leur cité refuge. J'enrageais lorsque des consignes discrètes étaient parfois données d'en haut pour ne pas intervenir dans ces zones prêtes à s'embraser à la moindre étincelle. Combien de fois mes commissions rogatoires, délivrées à la police judiciaire, revenaient inexécutées, au prétexte que les malfaiteurs n'avaient pu être identifiés ? Les représentants de la loi, sur ordre ministériel, avaient battu en retraite ! À cette époque, la politique de la terre brûlée menée par ces jeunes de la périphérie lyonnaise, prêts à tout pour protéger leur territoire, s'avérait déjà payante. J'étais encore loin de me douter que, quelques décennies plus tard, l'ensauvagement et le chaos s'installeraient aux quatre coins du territoire.

À la même époque, le 15 octobre 1983, des jeunes issus eux-mêmes de la cité des Minguettes avaient rejoint la « Marche des beurs », partie de Marseille pour rejoindre la capitale, au cri de « Égalité des droits et lutte contre le racisme ! » S'estimant discriminés, de jeunes immigrés se mobilisaient pour crier leur colère. Leur message, relayé par des mouvements militants, tels que SOS Racisme, allait recevoir un large écho auprès des juges acquis à la culture de l'excuse. Je pressentais, comme beaucoup à cette époque, la naissance d'une identité de territoire, l'émergence d'une contre-culture des cités, mettant en danger la cohésion nationale.

Combien, au juste, notre pays compte-t-il aujourd'hui de ces quartiers sensibles, difficiles d'accès aux représentants de la loi, et dans lesquels se forgent ces ressentiments anti-France ? Le décret n° 96-1156 du 26 décembre 1996 en recensait 750 ; en 2023, on en dénombre plus du double : 1 514, répartis sur 859 communes, dans lesquelles vivent 5,4 millions de personnes[1]. Plus aucun point du territoire n'est épargné. Des régions à prédominance rurale jusque-là à l'abri, connaissent les mêmes troubles que les grands centres urbains, avec leurs trafics de stupéfiants, leurs nuits d'émeutes et d'affrontements contre les forces de l'ordre, perçues comme autant de bandes rivales. L'avènement des réseaux sociaux a contribué à amplifier les exploits de voyous cherchant à rivaliser d'imagination et

1. Rapport de la Cour des comptes, 19 juillet 2022.

de sauvagerie pour occuper l'espace médiatique, à l'instar des Dalton, reconnaissables à leur célèbre tenue rayée jaune et noire. N'hésitant pas à mettre la vie d'autrui en danger, ils s'illustrent à Lyon en tournoyant place des Terreaux, au pied de l'Hôtel de ville, ou autour de la statue équestre de Louis XIV sur la paisible place Bellecour. Ces jeunes se sont approprié des cités entières, qui, peu à peu, sont désertées par leurs habitants d'origine, faisant *de facto* place nette à une nouvelle population d'origine immigrée. Certes, l'entrée dans ces quartiers n'est pas à proprement parler interdite. Mais elle se fait toujours à leurs risques et périls, que ce soit pour les médecins, qui doivent montrer patte blanche, pour les journalistes, qui doivent prendre des précautions, ou même pour les ministres, dont l'image ne doit pas en ressortir écornée. Force est de déplorer que quatre décennies après les premières guérillas des « 3V », la situation n'a fait qu'empirer. Elle a connu des moments paroxysmiques, comme lors des flambées de violences en 2005 et 2007.

En 2005, à la suite de la mort de deux adolescents par électrocution dans un poste électrique, alors qu'ils cherchaient à échapper à un contrôle de police, des émeutes d'une violence inouïe débutèrent à Clichy-sous-Bois, pour s'étendre comme une traînée de poudre, d'abord à tout le département de la Seine-Saint-Denis, puis, durant trois semaines, à 300 banlieues françaises. La sécurité de tout le pays fut à ce point menacée que le Premier ministre Dominique de Villepin fut acculé à décréter l'état d'urgence, assorti d'un couvre-feu applicable dans vingt-cinq départements. Bilan de ces émeutes : trois morts parmi la population, et 2921 interpellations.

Deux ans plus tard, en 2007, nouvelle flambée de violence! La mort accidentelle de deux adolescents à bord d'une moto-cross, en tentant également d'échapper à un contrôle de police, provoqua un nouveau soulèvement de centaines de jeunes masqués et armés, qui s'étendit jusqu'aux communes de Sarcelles, Garges-lès-Gonesse, Osny et Cergy. Du 25 novembre au 9 décembre 2007, les forces de l'ordre durent faire face à des scènes apocalyptiques d'émeutes, de guets-apens planifiés, de pillages, de destructions de commerces, d'incendies volontaires et de tirs par armes à feu. On relèvera 119 policiers blessés dont 81 par balles. Plusieurs passants, journalistes et élus furent également agressés. À ce moment, les policiers réalisèrent qu'ils ne pourraient plus jamais intervenir comme avant. « Treize années ont passé, témoigne le haut-fonctionnaire Michel Aubouin, ces quartiers sont, depuis, définitivement sortis de l'espace de la République. Le mot d'ordre est à la prudence : les interpellations de deux-roues, les arrestations pendant les heures chaudes de la soirée et, évidemment, les coups volontaires sont prohibés[2]… »

Ces violences urbaines ne doivent pas être analysées sous le seul prisme d'une délinquance ordinaire, ou de celui de simples colères sporadiques. Elles expriment en réalité une volonté de rupture qui menace notre ciment national. On ne peut même plus exclure que ces archipels, aujourd'hui parsemés, puissent un jour s'agréger dans une sorte de soulèvement général et spontané, que ni l'intervention des forces de l'ordre traditionnelles,

---

2. Michel Aubouin, *40 ans dans les cités. D'une enfance en HLM au ministère de l'Intérieur*, Éditions Presses de la Cité, coll. « Documents », 2019.

et encore moins la crainte d'une justice aux abonnés absents, ne seraient en mesure d'endiguer. Serons-nous un jour contraints à faire appel à l'armée pour rétablir l'ordre ? Certains dénonceront ici un fantasme sécuritaire. À ceux-là, il convient de rappeler que les doctrinaires de Raqqa et Mossoul avaient parfaitement compris que l'Europe et la France étaient devenues une sorte de ventre mou, secouées par la crise identitaire de plusieurs générations issues de l'immigration, ayant connu la prison, et se nourrissant encore d'un ressentiment post-colonial. Certains, comme le maire de Nice, Christian Estrosi, ont pu évoquer l'existence d'une « cinquième colonne ». Ne sommes-nous pas, en effet, face à un ennemi de l'intérieur, bien de chez nous, où il est né, où il a grandi, comme à Vaulx-en-Velin, Trappes ou Sevran… et même dans des communes plus tranquilles comme Lunel (Hérault), d'où sont partis pas moins de vingt-cinq jeunes, pour rejoindre les théâtres de guerre irako-syriens[3]. Certains individus, la plupart délinquants de droit commun, en rupture totale avec une société qu'ils exècrent, vont chercher dans des habillages religieux à donner un sens plus noble à une vie marginale qu'ils pensent sublimer, les armes à la main. Le spécialiste de l'islamisme radical, Wassim Nasr, l'a clairement exprimé devant la Commission d'enquête parlementaire sur les attentats de Paris, qu'il m'a été donné de présider : « Il faut prendre ces personnes au sérieux et estimer leur action à sa juste valeur. Si on la minimise, si on considère l'État islamique comme une secte et ses

3. *Libération*, 2 juillet 2015.

membres comme des paumés, drogués, on ne mesure pas le danger qu'il représente matériellement et dans l'imaginaire de bien des gens, faute d'alternative[4]. » L'apparition de cette idéologie obscurantiste est à l'origine, cette dernière décennie, du plus grand nombre de morts que la France ait connu depuis la fin de la Seconde Guerre mondiale : 271 morts et 1 200 blessés.

4. Compte rendu des auditions, Assemblée nationale, p. 683, 19 mai 2016.

L'impuissance

« La politique, même la plus généreuse, n'est pas affaire de bons sentiments. »

Jacques Attali

En 2001, désireux de comprendre comment, en un temps record, la politique de « tolérance zéro » avait fait de New York la ville la plus sûre des États-Unis, je décidai de me rendre sur place. Je ramènerai de mes échanges avec Rudolph Giuliani, maire de New York, et son commissaire William Bratton, ainsi que de ma visite du centre Compass, où étaient passés au peigne fin tous les lieux criminogènes de la ville, la conviction que le crime n'était pas une fatalité, même si le risque zéro n'existe pas. En application de la doctrine de la « fenêtre brisée », c'est-à-dire, dès l'apparition des premiers signes d'incivilité, la police new-yorkaise intervenait énergiquement pour éviter l'engrenage. Tout policier qui ne parvenait pas à obtenir un résultat tangible était sans ménagement remplacé par un autre. L'obligation de résultat était la règle implacable pour tous. William Bratton avait promis qu'il se battrait pour chaque rue et chaque pâté de maison. Et de fait, en quelque dix ans, comme s'y était engagé le chef de la police new-yorkaise, cette politique volontariste avait inversé la tendance. Le maire de New York pouvait s'enorgueillir lors de notre entretien que, de 1990 à 1999, les crimes soient passés de 700 000 par an à moins de 300 000, tandis que le nombre de meurtres soit passé de 2 200 à 667. Le quartier de Harlem avait cessé d'être le territoire des bandes rivales, le métro new-yorkais était devenu propre et sans risques, les rues et les parcs n'étaient plus jonchés de déchets.

Je décidai de poursuivre mon périple américain en visitant le « Bootcamp » de Chicago, une vaste maison de correction pour mineurs délinquants, dont l'encadrement était assuré par des militaires. Ma surprise fut totale. On me présenta les pensionnaires, le crâne rasé, marchant au pas et répondant au moindre ordre crié par le superviseur. Le régime de détention est strict : lever à 5 heures, appel au drapeau, parcours du combattant, travail et études forcés. Au bout d'un an, durée moyenne d'un séjour, les résultats sont spectaculaires. Les anciens délinquants deviennent obéissants et respectueux de l'autorité. En présence des familles, on leur remet un diplôme. Beaucoup d'entre eux décident de s'engager dans l'armée. Le taux de récidive est négligeable.

Certaines voix en France militent également pour un encadrement militaire des délinquants les plus endurcis. Les verra-t-on un jour ? On peut hélas en douter.

Dès mon retour des États-Unis, en pleine campagne présidentielle dominée par le débat sur la sécurité, je publiais *Tolérance zéro*[1], ce qui me valut d'être vilipendé

1. Georges Fenech, *Tolérance zéro*, Éditions Grasset, 2001.

par nombre de mes collègues très hostiles à cette référence venue d'Outre-Atlantique.

En France, juges et politiques se persuadaient toujours qu'en déversant généreusement des milliards dans les politiques de la ville, on parviendrait à éteindre l'incendie. En réalité, ce fut le « tonneau des Danaïdes » ! Toute une jeunesse en rupture de ban s'était durablement sanctuarisée dans des territoires interdits, vivant d'une économie souterraine sur fond de trafic de stupéfiants. Certains, à l'instar de Philippe Cohen, avaient pourtant alerté très tôt sur ces erreurs stratégiques : « Né dans les années 1980, le concept de "politique de la ville" s'est construit sur un mensonge orwellien [...]. Loin d'introduire de la ville dans les cités, la politique poursuivie a consisté à saupoudrer de crédits les quartiers à problèmes [...], l'octroi de vacances ou de salles pour calmer des préadolescents excédés ne constitue pas une réponse à la hauteur des problèmes rencontrés[2] ».

Les dégradations et destructions d'équipements sont souvent le fait de ceux-là mêmes à qui ils devaient bénéficier. Exemple parmi tant d'autres, en 2019, à Chanteloup-les-Vignes (Yvelines), seulement un an après son inauguration, la salle de spectacle L'Arche partait en fumée. Malgré les efforts financiers et humains consacrés à ces zones prioritaires, les avantages fiscaux ou sociaux accordés, les rénovations urbaines réalisées, malgré tous les mécanismes imaginés pour réduire les inégalités, introduire de la mixité, favoriser les parcours scolaires et

2. Philippe COHEN, *Protéger ou disparaître. Les élites face à la montée des insécurités*, Éditions Gallimard, 1999.

professionnels des jeunes en difficulté, faciliter la création d'emploi ou le renforcement des services publics, malgré tous les acronymes ronflants tels que les ZUS, les ZEP, ou l'ANRU, la réalité est que dans la France de 2023, les quartiers dits de « reconquête républicaine » n'ont jamais été reconquis. Le nombre de crimes et délits est en hausse, le trafic de stupéfiants ne s'est jamais aussi bien porté, les enseignants vivent la peur au ventre, les élus se font agresser, les pompiers et forces de l'ordre sont attaqués à coups de mortier…

En faisant preuve d'une générosité sans limite à l'égard des fauteurs de troubles, les dirigeants ont simplement oublié que toute politique pénale repose sur ses deux pieds, la prévention et la répression, et que la meilleure des préventions reste la certitude de la sanction.

Résultat ? Le 3 mars 2001, sur TF1, Lionel Jospin, candidat à l'élection présidentielle, s'en mordra les doigts, mais trop tard : « J'ai péché un peu par naïveté. Je me suis dit peut-être pendant un certain temps, si on fait reculer le chômage, on va faire reculer l'insécurité. » En avril 2002, son élimination dès le premier tour de l'élection présidentielle fut un coup de tonnerre.

Au fond, le candidat déchu avait eu le tort de croire en l'idée reçue que c'est la misère qui génère la délinquance ; que le meilleur remède pour la combattre serait de s'attaquer aux inégalités socio-économiques.

De nombreuses études démontrent que la criminalité n'est pas liée aux difficultés économiques. Aux États-Unis, James Q. Wilson, dans son ouvrage *Thinking about crime* (1983), avait déjà démontré qu'aucune hausse de la criminalité n'avait accompagné la Grande

Dépression (1929-1936). À l'inverse, en France, dans la période de pleine expansion économique, entre 1960 et 1975, on enregistrait une importante augmentation de la délinquance. Plus tard, entre 2007 et 2011 après la crise financière des *subprimes,* la criminalité avait chuté de 17 % en 2012. Chez nos voisins britanniques, eux-mêmes très impactés par cette crise venue d'Outre-Atlantique, on enregistrait en 2012 une baisse générale de la criminalité de 8 %.

Ce n'est donc pas la misère qui est source du crime, mais bien l'inverse, car la richesse est source de tentation pour tous ceux qui préfèrent la facilité à portée de main. On pourrait même inverser la proposition en observant que c'est la délinquance qui produit de la misère. Dans les quartiers où la délinquance sévit, elle fait fuir, elle entraîne des fermetures de commerces et donc du chômage. Elle substitue aux activités traditionnelles toutes sortes de commerces illicites au premier rang desquels le trafic de stupéfiants. Dans ces territoires sans réel contrôle, le crime s'industrialise et s'organise comme dans tout système mafieux avec ses codes et ses règlements de compte, pour en conserver la maîtrise. Dans ce vaste marché du crime, nul besoin de s'adresser au tribunal de commerce pour faire valoir ses droits, les méthodes expéditives sont plus efficaces.

Pour protéger leur business, les nouveaux maîtres des quartiers utilisent les techniques les plus modernes de surveillance, de déplacement, de *check-point*, d'élimination des concurrents, ou de guets-apens tendus aux forces de l'ordre. Ils procèdent à des repérages avec minutie en recrutant des *choufs* (nom des guetteurs des réseaux de drogue), préparent les caves et chemins de repli en prenant soin de ne laisser aucune trace papillaire ou génétique. C'est en grande partie pour ne pas avoir regardé cette réalité en face, que Lionel Jospin fut éliminé dès le premier tour de l'élection présidentielle. Ce scénario inédit a miraculeusement assuré la réélection de Jacques Chirac et, dans la foulée, une large victoire de la droite aux législatives. Les recettes américaines allaient-elles enfin s'appliquer dans nos villes et nos banlieues ? Au-delà de quelques rodomontades, il n'en fut rien. La première raison était d'abord de ne pas donner le sentiment de flirter avec l'extrême droite. Mais aussi, par la crainte d'entrer en conflit ouvert avec des juges autoproclamés, protecteurs naturels des délinquants et des étrangers.

Terroristes, combattants de la liberté ?

« Le terrorisme est un crime qu'on ne peut excuser. »
Albert Camus, Actuelles, III, Chronique algérienne, 1939-1958, *Gallimard, 1958*

Qu'on ne s'y trompe pas, tout est lié. Quand on laisse prospérer des cités interdites où se mêlent une criminalité souterraine, des narco-trafiquants et des discours de haine, on favorise l'émergence d'une contre-société, prête à répondre à l'appel d'organisations criminelles d'origine étrangère. Notre pays en paiera chèrement le prix au cours de cette dernière décennie. Car, si entre 1995, date des attentats dans le RER Saint-Michel de Paris, et mars 2012, date des attentats commis par Mohammed Merah à Toulouse et Montauban, la France a été épargnée par le terrorisme, ce n'était qu'une fausse accalmie. Nous avions sous-estimé tous les indicateurs qui alertaient à bas bruit sur la montée dans les cités d'un islamisme radical porteur de tous les dangers. Quelques maires, il faut bien le dire, fermaient les yeux sur ce ferment du séparatisme, octroyant même de généreuses subventions, prix de la paix sociale, et au passage de précieuses voix électorales communautaristes.

À cette époque, de 2008 à 2012, j'occupais les fonctions de président de la Mission interministérielle de vigilance et de lutte contre les dérives sectaires (MIVILUDES). Je traquais les scientologues, les témoins de Jéhovah, les raéliens et tous les charlatans qui sévissaient dans le domaine de la santé parallèle. Par le biais des associations, je recevais, et c'était nouveau, de plus en plus de signalements de familles qui s'inquiétaient de voir leurs filles adolescentes porter le voile, refuser d'aller au collège, les garçons adopter des comportements et tenues vestimentaires à connotation religieuse… On me signalait des ruptures familiales, scolaires, professionnelles qui nécessitaient à l'évidence une mobilisation de mes services. Je sollicitais logiquement le feu vert du Premier ministre François Fillon, dont ma mission dépendait, pour me pencher également sur ce phénomène qui présentait toutes les caractéristiques de la dérive sectaire. La réponse fut immédiate et sans ambiguïté : cette question relevait de la compétence exclusive des services antiterroristes ! Je comprenais clairement que le pouvoir politique ne souhaitait pas s'embarrasser de ces questions d'islamisme trop sensibles, lesquelles, espérait-on, finiraient bien par se tarir d'elles-mêmes. Je refermai le dossier nourri d'amertume.

Les tueries de Toulouse et Montauban commises en 2012 au nom de Daech, par un djihadiste franco-algérien, allaient sonner l'heure d'une tragique réalité. Voilà que les islamistes radicaux et autres croyants fraîchement convertis, qu'on avait trop longtemps feint d'ignorer, versaient tout à coup dans la violence. Des jeunes, en rupture avec une société qu'ils exècrent, allaient chercher dans des habillages religieux à donner un sens plus noble à une vie médiocre, qu'ils pensent sublimer par une mort les armes à la main. Il devenait tout à coup urgent de renforcer notre arsenal législatif afin de mieux lutter contre l'endoctrinement de jeunes délinquants, cibles privilégiées de l'organisation terroriste Daech.

Nicolas Sarkozy annonçait de nouvelles lois permettant de réprimer le fait de consulter de manière habituelle des sites faisant l'apologie du terrorisme, ou le fait de se rendre à l'étranger pour parfaire son endoctrinement. Toutes mesures qui heurteront la délicate sensibilité du Syndicat de la magistrature : « On a été habitué, durant ce quinquennat, à ce qu'un drame équivaut à une loi [...]. Mais peut-être que là, on aurait pu s'attendre à un temps de décence plus important [...]. Ces lois n'auront aucune efficacité[1] », affirmait, péremptoire, la secrétaire générale, Marie-Blanche Régnier.

Peu après, avec l'élection de François Hollande, Christiane Taubira prenait ses quartiers place Vendôme, emmenant dans ses valises des membres influents du Syndicat de la magistrature. Nommés à des postes-clefs, ils se sont employés, méthodiquement, à détricoter toutes les lois répressives adoptées sous le précédent quinquennat. Hélas, rapidement, le réveil fut douloureux.

Les attentats des mois de janvier et novembre 2015 révélaient que la quasi-totalité des auteurs qui avaient

---

1. *JDD*, 22 mars 2012.

répondu aux appels au meurtre lancés par l'État islamique, étaient de jeunes délinquants franco-algériens passés par la case prison, et ayant bénéficié des extrêmes largesses de la nouvelle politique pénale. Les parcours délinquantiels de Chérif Kouachi (12 victimes), Amedy Coulibaly (6 victimes), Mehdi Nemmouche (4 victimes) et Mohammed Merah (6 victimes), démontraient la porosité entre délinquance et terrorisme. On réalisait en outre que ces multirécidivistes n'auraient pas dû se retrouver en liberté au moment des tueries.

Le 16 novembre 2015, soit trois jours après les attentats perpétrés au Bataclan, sur les terrasses des cafés et restaurants de Paris et au Stade de France de Saint-Denis, le président Hollande déclarait solennellement devant l'ensemble des députés et sénateurs rassemblés à Versailles : « Nous le savons, et c'est cruel que de le dire, ce sont des Français qui ont tué vendredi d'autres Français. Il y a, vivant sur notre sol, des individus qui, de la délinquance passent à la radicalisation puis à la criminalité terroriste[2]. » Ce qu'avait omis de préciser le chef de l'État, c'est que ces jeunes Français étaient tous issus de l'immigration. L'emprise d'un islam radical dans certaines zones sensibles ne pouvait plus être ignorée. Désormais, et l'attentat perpétré sur la Promenade des Anglais à Nice le confirmera, n'importe quel individu pouvait tout à coup faire allégeance à Daech et passer à l'acte.

« Jusqu'à ce jour, la quasi-totalité de ceux qui ont commis des actes violents au nom du djihad étaient issus

2. *Vie publique*, texte intégral, allocution du président de la République.

des banlieues et avaient été des délinquants[3] », insistait le chercheur Farhad Khosrokhavar. Et de citer en exemple : « Khaled Kelkal en 1995 ; Mohammed Merah en 2012 ; Mehdi Nemmouche à Bruxelles en 2014 ; les frères Kouachi et Amedy Coulibaly en janvier 2015. » À cette liste viendront s'ajouter d'autres binationaux, auteurs des attentats du 13 novembre 2015, tels que Samy Amimour, Ismaël Omar Mostefaï, tous deux franco-algériens, et leurs complices maroco-belges, tels que Salah Abdeslam.

D'où leur venait cette haine envers leur pays de naissance ou d'adoption, sinon de ce ressentiment envers l'ancien pays colonisateur, entretenu par quelques idéologues repentants ? Philippe-Joseph Salazar, titulaire d'une chaire de rhétorique à l'université du Cap, avance encore une explication qui doit nous interroger sur notre politique migratoire d'une extrême largesse : « Ils s'attaquent à l'art de vivre à la française, au ballon de rouge sur le zinc, au plaisir des sens, aux tenues décontractées des filles qui, comme chacun sait, sont des prostituées dès qu'elles s'habillent en jupe, à un Bataclan qualifié de haut lieu pornographique où gesticulent des centaines de mécréants polythéistes et décadents. Ils ont même évoqué un Paris pestilentiel, corrodé par l'athéisme et la libre-pensée, comble de la dépravation[4]. »

Après ces tragiques événements, François Hollande, à la stupéfaction de sa propre majorité, proposera d'inscrire dans la future réforme constitutionnelle la possibilité de

---

3. Rapport législatif sur la surveillance des filières et des individus djihadistes, n° 2828, p. 43.

4. *Valeurs actuelles*, 23 novembre 2015.

déchoir de sa nationalité française un binational, même né français. Il semblait révolu le temps, après la tuerie de Mohammed Merah, où le candidat Hollande estimait qu'il n'y avait « pas besoin d'en inventer [des lois] à chaque moment et dans chaque circonstance[5] ! » À droite, on applaudissait ; à gauche, à quelques rares exceptions, on dénonçait une atteinte grave aux valeurs de la France.

Le 27 janvier 2016, à quelques heures seulement de la présentation du projet de loi devant la Commission des lois de l'Assemblée nationale par le Premier ministre Manuel Valls, la ministre de la Justice Christiane Taubira annonçait avec fracas sa démission du gouvernement. « Parfois résister, c'est partir », lâchera-t-elle dans un tweet du 27 janvier 2016, sans jamais rien renier de ses utopies. Derrière la passionaria du mariage pour tous, la gauche faisait feu de tout bois pour faire reculer François Hollande… lequel finira par remiser son projet aux oubliettes des accessoires inutiles. Aussitôt, la désormais ex-garde des Sceaux s'en félicitait sur une radio algérienne : « Le projet de révision constitutionnelle qui sera présenté en conseil des ministres ne retient pas cette disposition. […] Je suis persuadée que c'est une décision qui ne peut pas avoir d'efficacité dans la lutte contre le terrorisme[6] ».

Ainsi, les vieux démons de la gauche avaient resurgi comme au temps de son arrivée au pouvoir, lorsqu'elle ne craignait pas de qualifier les terroristes de « combattants de la liberté ».

---

5. Ajaccio, 24 mars 2012.

6. Chaîne 3, *JDD*, 22 décembre 2015.

Pour rappel. Nous sommes dans les années 1980-1990. La gauche française se singularise par sa bienveillance à l'égard du terrorisme, au grand dam de nos partenaires européens. D'anciens révolutionnaires trotskistes, désormais au cœur du pouvoir, cherchent davantage à comprendre les motivations de ces terroristes, qu'à condamner leurs crimes. Le juge Louis Joinet, co-fondateur du Syndicat de la magistrature et conseiller de tous les Premiers ministres socialistes, se charge de la mise en œuvre de l'amnistie présidentielle du 4 août 1981. *De facto*, les portes de la prison s'ouvrent pour quelque 250 terroristes, dont ceux d'Action directe. Il veille ensuite à ce que toutes les demandes d'extradition soient rejetées, conformément au vœu exprimé par le nouveau chef de l'État, qui ne souhaite pas toucher aux réfugiés politiques, mais, au contraire, qui se fait fort de les réinsérer dans le système démocratique.

Dans les pays européens durement frappés par des attaques sanglantes, ce fut la stupeur et l'incompréhension. Ainsi, le Premier ministre espagnol Felipe Gonzales, confronté à l'ETA, s'indigne que la France ne coopère pas. La presse allemande ne ménage pas non plus ses critiques envers une nouvelle France « transformée en un centre de terrorisme international depuis l'accession de Mitterrand au pouvoir[7] ». Rappelons que le mouvement Fraction armée rouge, plus connu sous le nom de « bande à Baader », avait ensanglanté l'Allemagne en perpétrant de nombreux assassinats et attentats à la bombe. Depuis l'Italie, le

7. *Die Welt*, 27 août 1983.

ministre de la Défense, Giovanni Spadolini, accusait à son tour la France d'abriter une multinationale du terrorisme. Il contestait publiquement le refus d'extrader quelque 120 membres des Brigades rouges responsables de 84 assassinats. À Paris, les critiques de l'opposition n'étaient pas moins vives.

Sourd à toutes les contestations, François Mitterrand, après avoir supprimé la Cour de sûreté de l'État, refuse catégoriquement de créer une nouvelle juridiction spécialisée et de mettre en place des procédures adaptées à la lutte contre cette criminalité hors norme, et ce même après le sanglant attentat de la rue des Rosiers perpétré le 9 août 1982, ou après l'assassinat de l'ingénieur-général René Audran, le 25 janvier 1985. Très remonté, le Syndicat des commissaires de police décide alors de monter au créneau pour appeler publiquement à « la mise en place immédiate d'un dispositif adapté à la lutte contre le terrorisme[8] ». Rien n'y fera!

La gauche reste arc-boutée contre toute idée de traiter le terrorisme autrement que par les moyens de la justice ordinaire. Il faut attendre le retour de la droite, lors de la première cohabitation de 1986, pour voir réarmer notre pays de structures et de moyens juridiques exceptionnels. Entre-temps, en 1986, 11 attentats ont été perpétrés par un « Comité de solidarité avec les prisonniers politiques arabes », faisant 11 morts et 260 blessés. La même année, le P-DG de la régie Renault, Georges Besse, est assassiné par le groupe Action directe.

---

8. *AFP*, 11 février 1985.

François Mitterrand avait aboli la Cour de sûreté de l'État. Soit! Sa formation, essentiellement composée de magistrats militaires, en faisait une juridiction d'exception anachronique qui justifiait son abrogation. Cependant, rien n'avait été pensé pour la remplacer. Par conséquent, les juridictions de droit commun avaient hérité sans autre formalisme de cette compétence hors normes. Quand il s'est agi de juger les dirigeants du groupe Action directe, plusieurs jurés de la cour d'assises ordinaire de Paris se sont fait porter pâle, certificats médicaux à l'appui, suite aux menaces reçues en pleine audience: « Sachez que tous ceux qui siégeront ici, magistrats et jurés, s'exposeront aux rigueurs de la justice prolétarienne[9] », leur avait lancé Régis Schleicher, principal accusé du groupe Action directe. Dans l'urgence, le gouvernement de Jacques Chirac fait adopter la loi du 9 septembre 1986, créant une Cour d'assises spéciale, composée uniquement de magistrats professionnels. Concomitamment, il installe la 14e section du parquet de Paris à compétence nationale, ainsi que le pôle d'instruction spécialisé. Les résultats ne se sont pas faits attendre.

Le 21 février 1987, quatre militants de la branche internationale d'Action directe sont arrêtés. Les armes saisies sont celles qui ont servi pour abattre Georges Besse, le général Audran, Guy Brana et Henri Blandin. Le 21 mars, le chef du réseau terroriste intégriste proche du Hezbollah libanais Fouad Ali Saleh, responsable de la campagne d'attentats commis en 1986, est à son tour interpellé.

9. *Le Monde*, 10 décembre 1986.

Malgré ce spectaculaire palmarès, les âmes sensibles du Syndicat de la magistrature continuent à s'émouvoir du sort particulier réservé aux terroristes. Elles dénoncent pêle-mêle des pseudo-rafles et la rigueur des conditions de détention soumises au régime de l'isolement. Tandis que certains chefs de juridiction, tout acquis au Syndicat, s'emploient à empoisonner les juges antiterroristes par toutes sortes de tracasseries : on les affectera au tour de permanence des affaires ordinaires, on ne s'empressera pas de pourvoir au remplacement d'une greffière en congé maladie, le matériel informatique défaillant ne sera pas immédiatement réparé… On s'évertuera, de surcroît, à discréditer la figure de proue de l'antiterrorisme : « Il est vrai que les moyens dont disposent les juges antiterroristes, et qui les différencient du *vulgum pecus* de l'instruction, proviennent de tout sauf du budget de la justice [...]. C'est-à-dire du ministère de l'Intérieur : voiture blindée dont M. Bruguière compte amoureusement chaque matin le nombre d'antennes, gardes du corps, fonds spéciaux de déplacements, aménagement de bureaux, mise à disposition de forces de police, etc.[10] » Une prise à partie consternante, quand on se souvient que le magistrat échappera de justesse à un attentat perpétré à son domicile par Max Frérot, membre du groupe Action directe.

Je garde de cette époque le souvenir personnel d'une audience du procès d'Action directe qui s'est tenue à Lyon, en mai 1989. Je m'étais fait discret au milieu du public, ayant délaissé momentanément mon cabinet d'instruction

10. *Justice*, n° 146, novembre 1995.

voisin. Dans la solennelle cour d'assises, dans laquelle, deux ans plus tôt, avait été jugé Klaus Barbie, chef de la Gestapo lyonnaise et tortionnaire de Jean Moulin, l'avocat général François-Louis Coste, proche du Syndicat de la magistrature, se lève pour prendre ses réquisitions. Au premier rang se tiennent les familles des victimes assassinées, parmi lesquelles celle du général de gendarmerie Guy Delfosse. Dans le box, silencieux, les deux principaux accusés, André Olivier et Max Frérot, sont défendus par Jacques Vergès, qui fut l'avocat de Klaus Barbie. À leur propre étonnement, les premiers mots du représentant de la société se veulent pleins de compréhension : « Nous leur devons à tous le respect, quelles que soient les idées qu'ils ont défendues. Aucun d'entre eux ne doit être traité comme un criminel de droit commun. » Et d'appeler Voltaire à la rescousse : « Je combattrai toujours vos idées ; mais je me ferais tuer pour que vous ayez le droit de les exprimer. »

Les certitudes des juges du Syndicat de la magistrature restaient tenaces. Ils se montraient toujours aussi prompts à dénoncer toute nouvelle loi venant renforcer la lutte contre le terrorisme. Ce fut le cas en 1996, avec l'adoption de la nouvelle incrimination d'association de malfaiteurs en relation avec une entreprise terroriste. Il s'agissait d'une disposition qui permettait à la justice d'interrompre des suspects avant leur passage à l'acte. Aussitôt, Marie-Blanche Régnier, secrétaire générale du Syndicat de la magistrature, s'offusquait qu'on puisse juger l'intention et non l'acte lui-même : « L'essentiel des dossiers traités concerne des actes qui n'ont pas été commis, sous la qualification d'association de malfaiteurs en vue de commettre une entreprise terroriste, ce qui permet de viser des actes préparatoires[11] », dénonçait-elle. Or, c'était bien le but recherché par le législateur : intervenir avant que l'acte ne se réalise.

Concédant du bout des lèvres que la spécialisation des magistrats et des enquêteurs avait été un progrès, la magistrate continuait paradoxalement à considérer comme problématique le fait que « la justice antiterroriste soit une justice d'exception, avec des procédures dérogatoires au droit commun ». Le SM tirera également à boulets rouges contre la gauche elle-même lorsqu'elle envisagera, sous la pression de l'opinion, de renforcer les lois contre le terrorisme : « Abandonnant toute retenue et reniant les engagements d'hier, ce gouvernement envisage d'étoffer encore l'arsenal antiterroriste, au mépris des libertés et oublieux de ce que ces lois d'exception ont rogné nos droits, légitimé toutes les formes de surveillance des citoyens et fourni les armes (contrôles Schengen…) d'une autre lutte moins noble : celle contre les étrangers en situation irrégulière[12]. »

---

11. *Slate*, 22 mars 2012.

12. *J'essaime*, n° 28, septembre 2014.

Chapitre 2

Immigration et délinquance, briser le tabou

« Aujourd'hui, quand on regarde la délinquance par exemple à Paris, où on a une forte concentration […] de cette immigration illégale, oui, elle est très présente dans les faits de délinquance ».

Emmanuel Macron,
France 2, 26 octobre 2022

En finir avec le déni

« Les Français savent que, depuis deux ou trois générations, il y a une forme de laisser-aller vis-à-vis de l'autorité et que la société est plus violente du fait d'une intégration pas toujours réussie, d'une immigration mal contrôlée, d'une multiplication des atteintes aux personnes et de l'effacement de l'autorité parentale. »

Gérald Darmanin, ministre de l'Intérieur,
L'Express, *p. 29, 20 mai 2021*

Le déni face à la flambée d'une délinquance de plus en plus violente, en provenance essentiellement d'Afrique sub-saharienne et du Maghreb, n'était plus tenable. Les langues ont commencé à se délier jusqu'au plus haut niveau de l'État, à l'occasion du discours de Grenoble, prononcé le 30 juillet 2010, par le président Nicolas Sarkozy : « C'est une guerre que nous avons décidé d'engager contre les trafiquants et les délinquants, martela-t-il. Nous subissons les conséquences de cinquante années d'immigration insuffisamment contrôlée qui ont abouti à un échec de l'intégration. »

Ce qui était nouveau, c'est que le propos du chef de l'État visait également les Français d'origine étrangère :

« La nationalité doit pouvoir être retirée à toute personne d'origine étrangère qui aurait volontairement porté atteinte à la vie de tout dépositaire de l'autorité publique. » À la même époque, le sociologue Hugues Lagrange, ancré à gauche, publie un essai retentissant, *Le déni des cultures*[1], dans lequel il faisait la démonstration implacable de la sur-délinquance au sein de certaines cultures étrangères. L'année suivante, Jean-Pierre Chevènement s'affranchit à son tour de la pensée unique : « Il suffit, comme j'ai eu l'occasion de le faire, de consulter les *listings* de la Direction centrale de la Sécurité publique du ministère de l'Intérieur pour constater que plus de 50 % des infractions constatées étaient imputables à des jeunes dont le patronyme est de consonance africaine ou maghrébine[2] », déclara-t-il, provoquant quelques remous dans son propre camp.

Le coup était parti. À leur suite, plusieurs intellectuels s'emparent de la question trop longtemps restée taboue. En 2013, l'essayiste Laurent Obertone publie *La France orange mécanique*[3]. La même année, dans *L'identité malheureuse*[4], le philosophe Alain Finkielkraut s'inquiète des menaces pesant sur l'identité française.

Plus récemment, mesurant la colère qui grondait dans tout le pays, le ministre de l'Intérieur Gérald Darmanin s'empare du débat : « Nous ne sommes ni dans la naïveté générale de l'extrême gauche, ni dans la caricature absolue de l'extrême droite. Nous ne jugeons pas les étrangers pour

1. Hugues Lagrange, *Le déni des cultures*, Éditions du Seuil, 2010.

2. *Le Parisien*, 12 janvier 2011.

3. Laurent Obertone, *La France orange mécanique*, Éditions Ring, 2013.

4. Alain Finkielkraut, *L'identité malheureuse*, Éditions Stock, 2013.

ce qu'ils sont, mais pour ce qu'ils font [...]. S'ils souhaitent s'intégrer à la République, ils sont les bienvenus. S'ils ne respectent pas nos valeurs et nos lois, ils doivent partir[5] », martela-t-il.

Le 26 octobre, dans un entretien sur France 2, c'est au tour d'Emmanuel Macron de franchir le pas sans ambiguïté : « Nous ne pouvons ne pas voir que la moitié au moins des délinquants, des faits de délinquance qu'on observe, viennent de personnes qui sont des étrangers, soit en situation irrégulière, soit en attente de titres. » Ce changement radical, au moins dans le discours, des plus hauts responsables politiques, s'imposait suite au message très clair adressé par les électeurs en 2022. Le Rassemblement national avait accédé au second tour des élections présidentielles et envoyé quatre-vingt-neuf députés siéger à l'Assemblée nationale. Du jamais vu !

Quel est au juste le niveau de cette criminalité violente, importée d'autres rives, d'autres cultures, d'autres mœurs ? Un indicateur objectif est particulièrement éclairant : le nombre d'étrangers détenus dans les prisons françaises représente 24 % de l'ensemble de la population pénitentiaire (dont 54 % sont originaires du continent africain)[6]. Un chiffre qui ne baisse pas, puisqu'au 31 décembre 1997, sur une population de 53 845 détenus, 13 180 étaient des étrangers, soit 24,48 %[7].

---

5. *Le Figaro*, 4 août 2022.

6. Statistiques officielles publiées le 1er octobre 2020 par le ministère de la Justice.

7. Rapport de l'Observatoire international des prisons.

Derrière cette donnée brute se cachent d'innombrables crimes de sang, viols, agressions sexuelles, actes de terrorisme, trafic de drogue, vols avec violence, d'un niveau qui a largement dépassé le seuil de tolérance. Nombre de ces crimes resteront à tout jamais gravés dans nos mémoires.

À la gare Saint-Charles de Marseille, le 1er octobre 2017, deux jeunes femmes sont sauvagement assassinées à l'arme blanche par un Tunisien… qui se trouve sous le coup d'une reconduite à la frontière ! L'enquête révèle que cette mesure n'a pu être mise à exécution, faute de place en centre de rétention administrative ! Un dysfonctionnement qui vaut au préfet Henri-Michel Comet de jouer le rôle de fusible. Le 16 octobre 2020, l'assassinat par décapitation du professeur Samuel Paty est perpétré par un jeune Russe d'origine tchétchène, lequel bénéficiait avec sa famille du statut de réfugié ! La liste est interminable de ces crimes barbares commis par des étrangers qui n'auraient jamais dû se trouver sur notre sol, ni s'y maintenir.

Malgré tout, une question reste toujours taboue, celle de déterminer la part de la criminalité imputable à des Français d'origine immigrée. Et pour cause, les statistiques ethniques sont interdites dans notre pays depuis la loi Informatique et libertés du 6 janvier 1978[8]. Notons cependant que la France fait figure d'exception, puisque de telles statistiques sont permises dans vingt-deux pays

8. Cette prohibition se fonde sur nos valeurs d'universalisme, ainsi que sur l'article 1 de la Constitution qui dispose que la France « assure l'égalité devant la loi de tous les citoyens sans distinction d'origine de race ou de religion ». Toute violation de cette règle est sévèrement réprimée d'une peine de cinq ans d'emprisonnement et de 300 000 € d'amende.

membres du Conseil de l'Europe, ainsi qu'aux États-Unis ou au Canada. En l'absence d'un tel outil scientifique, qui serait bien utile à l'adaptation des politiques d'intégration et de prévention de la délinquance, il nous reste l'expérience du terrain et quelques rares études de chercheurs, pour mieux cerner le niveau de ce phénomène.

J'ai pu personnellement le mesurer dans mes fonctions de juge d'instruction à Lyon, chargé des dossiers de stupéfiants. Nombre de jeunes trafiquants de nationalité française, issus très majoritairement de l'immigration arabo-africaine, remplissaient mon tableau de détention, garni à 80 % de noms et prénoms à consonance étrangère.

Quatre décennies plus tard, l'avocat Thibault de Montbrial fait le même constat, en l'illustrant d'une anecdote mettant en scène un conseiller ministériel : « À l'occasion d'une visite de prison, ce dernier fit part de son étonnement de constater que toutes les cellules de l'étage qu'il venait de traverser portaient des noms d'origine arabe. Manifestement embarrassé, le directeur de la maison d'arrêt lui répondit : "Monsieur le conseiller, je vous laisse la responsabilité de vos observations[9]." »

À la même époque, Éric, détenu à la prison de Fleury-Mérogis, témoigne devant Farhad Khosrokhavar : « Dans la cour de promenade, j'étais avec un autre détenu, les deux seuls Blancs, Français, les autres étaient blacks, beurs, étrangers. Nous sommes une petite minorité, deux sur une trentaine dans la cour, la prison n'est pas à nous,

9. Thibault DE MONTBRIAL, *Le sursaut ou le chaos*, Éditions Plon, 2015.

on dirait des étrangers à une dizaine de kilomètres de Paris, des exilés de l'intérieur d'une France qui n'est plus la nôtre[10]… »

Un surveillant pénitentiaire, sous le sceau de l'anonymat, se confie à son tour au chercheur : « Les musulmans tiennent la prison, ni plus ni moins […] Je suis un Français laïc. Je me sens entouré de musulmans qui font du prosélytisme et qui mettent en cause mon côté non croyant. Ils veulent nous convertir, et quand ils en désespèrent, ils nous traitent de mécréants… »

Selon le sociologue Laurent Mucchielli : « L'observation des populations poursuivies par la police et la justice montre qu'il existe bien, du moins en apparence, une importante sur-représentation de cette partie de la jeunesse (les jeunes issus de l'immigration) dans la délinquance poursuivie, au moins dans les grandes agglomérations[11]. »

Une autre étude, menée cette fois au sein des établissements pénitentiaires, sans distinction de nationalité, révèle que les détenus de confession musulmane représentent entre 40 et 60 % de l'ensemble de la population carcérale. Les chiffres du chercheur Farhad Khosrokhavar s'appuient essentiellement sur le nombre de détenus pratiquant le ramadan et consommant des menus confessionnels[12]. Ces données ont été reprises dans un rapport parlementaire du député Guillaume Larrivé : « L'absence de statistique officielle ne doit pas empêcher de regarder la

10. Farhad Khosrokhavar, *Prisons de France*, Éditions Robert Laffont, 2016.

11. Laurent Mucchielli, *L'invention de la violence*, Éditions Fayard, p. 89, 2011.

12. Farhad Khosrokhavar, *op. cit.*

réalité en face, telle qu'elle est vécue au quotidien par les acteurs de terrain et évaluée par les observateurs, estime le parlementaire. On peut ainsi estimer qu'environ 60 % de la population carcérale, soit 40 000 détenus, peuvent être considérés comme de religion ou de culture musulmane[13] », concluait le député, s'appuyant sur les données présentées dans l'ouvrage de Farhad Khosrokhavar.

---

13. Documents législatifs, tome VI, 2015.

En finir avec la France Eldorado

> *« Nous ne pouvons pas héberger toute la misère du monde. La France doit rester ce qu'elle est, une terre d'asile politique [...] mais pas plus. »*
>
> *Michel Rocard, TF1, 3 décembre 1989*

La France prend des allures de bateau ivre, sans cap bien défini, sans capitaine au gouvernail, ballotté au gré des vents mauvais, risquant de sombrer dans les eaux troubles du séparatisme. À force d'avoir trop accueilli, n'avons-nous pas au final perdu ce fameux vivre-ensemble et mis en danger notre cohésion nationale ? Il serait temps de s'inspirer des exemples de pays européens confrontés aux mêmes problématiques et qui ont su y répondre dans un consensus politique.

Ainsi, le Danemark, après avoir renégocié certains traités internationaux, a adopté une politique drastique à l'égard des candidats à l'immigration, tant pour leurs conditions d'entrée que pour leur installation, l'accès au travail, aux allocations et au logement. La naturalisation y est, en outre, soumise à des tests exigeants de maîtrise de la langue, de l'histoire et des valeurs de la société. Enfin, pour pouvoir se maintenir sur leur territoire, les étrangers doivent démontrer un comportement exemplaire et ne jamais avoir été condamnés, même avec sursis.

Dans le cadre de la Commission d'enquête parlementaire sur le suivi des filières djihadistes, j'ai eu l'occasion de me rendre dans ce pays nordique réputé pour sa tolérance. J'ai été frappé par le pragmatisme des Danois confrontés au séparatisme et au terrorisme, notamment depuis l'attentat perpétré le 15 février 2015 devant la synagogue de Copenhague. Dans les quartiers sensibles, ils ont déployé des mentors, des jeunes eux-mêmes d'origine étrangère, qui, sous couvert d'anonymat, s'infiltrent dans les quartiers pour repérer les individus radicalisés et les ramener à la raison. Les résultats sont très probants. Dans le même temps, les Danois s'attellent à reprendre la maîtrise de leurs flux migratoires.

Selon une étude menée par Dominique Reynié de l'institut Fondapol en janvier 2023 : « Cette politique drastique a eu deux effets notables. D'abord, l'effondrement des flux. L'immigration a diminué de 28 % entre 2014, année précédant la crise des réfugiés, et 2019, année précédant la crise sanitaire. Le nombre total des demandes d'asile a chuté de 82 %, passant de 14792 à 2716, pour un pays de 5,8 millions d'habitants. Si on appliquait ce ratio à la France, nous n'accueillerions que 31 000 demandes d'asile par an, contre 132000 en 2019[1]. » Or, pour l'année 2022, sur 156103 demandes d'asile, la France en a accordé

1. https://www.fondapol.org/dans-les-medias/le-danemark-ce-pays-ou-la-fermeture-migratoire-fait-consensus/

56 179[2]. La même année ont été délivrés 1,7 million de visas contre 733 070 en 2021, soit une hausse de 137,1 %. Les primo-délivrances de titres ont augmenté de près de 17 % par rapport à 2021. Les principaux pays d'origine des bénéficiaires de premiers titres de séjour sont le Maroc, l'Algérie, la Tunisie, la Côte d'Ivoire. En revanche, seulement 19 819 étrangers en situation irrégulière ont quitté le territoire français.

Nous ne le savons que trop, réformer dans notre pays n'a jamais été une sinécure, l'idéologie ayant supplanté depuis longtemps le sens premier des réalités. Face aux sans-frontiéristes rêvant d'un monde totalement ouvert, l'immigration choisie et non subie ne doit plus être qu'un simple slogan, sous peine de créer un chaos identitaire et sécuritaire. Pour atteindre cet objectif, une politique des quotas, par pays et par métiers, s'impose. C'est la voie empruntée notamment par le Royaume-Uni, le Canada, l'Australie ou encore la Suisse.

À l'inverse de ces démocraties, le gouvernement d'Emmanuel Macron a opté en 2023 pour une énième régularisation massive des clandestins, sous prétexte de pourvoir aux besoins dans les métiers en tension. À l'instauration d'une politique des quotas, encore faudrait-il, pour adresser un signal fort aux candidats à l'immigration clandestine, convaincus que la France est un Eldorado, commencer à réserver l'Aide médicale d'État qu'aux seuls soins urgents. Or, comme le relève le magistrat Charles Prats : « Nous sommes, avec la Belgique, le seul pays au

2. Publication du ministère de l'Intérieur, 26 janvier 2023.

monde délivrant des titres de long séjour pour raison médicale à tous ceux qui font valoir qu'ils ne peuvent accéder effectivement à un soin dans leur pays, même si le médicament existe[3]. »

Une réalité que ne partagent pas les juges du Syndicat de la magistrature toujours mobilisés en faveur des migrants : « Il faudrait également que la décision de la préfecture de refuser une demande de permis de séjour à un étranger malade puisse être contestée devant une juridiction administrative. À moins que la France n'assume pleinement et officiellement que l'accès au territoire pour raison de santé n'est pas un droit mais une faveur que les autorités font aux étrangers de façon arbitraire[4]... »

Rappelons que l'Aide médicale d'État bénéficie actuellement à quelque 300 000 clandestins pour un montant astronomique annuel d'environ un milliard d'euros[5] ! Ajouter à cela que, comme le rappelle Charlotte d'Ornellas, journaliste à *Valeurs Actuelles* : « Un candidat à l'asile peut recevoir 204 € par mois en plus d'être en centre d'hébergement. Sans travailler et sans rien cotiser, des migrants peuvent gagner plus que dans leur pays d'origine. C'est l'allocation la plus forte d'Europe[6]... »

« Les migrants font un peu de *benchmarking* pour regarder les législations à travers l'Europe qui sont les plus

---

3. Charles Prats, *Cartel des fraudes*, Éditions Ring, 2020.

4. *J'essaime*, n° 28, septembre 2014.

5. Sénat, projet de loi de finances, 2022.

6. CNEWS, *Face à l'info*, 13 mars 2023.

fragiles[7] », ironisait en 2018 Gérard Collomb, ministre de l'Intérieur.

Pour mettre un terme à l'attractivité migratoire, il serait opportun de ne soumettre l'attribution des prestations sociales qu'aux seuls étrangers travaillant et payant leurs impôts en France et justifiant d'au moins cinq ans de résidence. De même, on ne devrait autoriser le regroupement familial qu'aux conditions préalables d'un logement digne et de la justification de revenus minimaux. S'agissant de la naturalisation, à l'instar de la Suisse, le délai d'accès devrait passer de 5 à 10 ans. Les solutions existent, c'est la volonté politique qui fait défaut. Tant que la pensée dominante sera de considérer l'immigration comme un droit et non une simple faveur, aucune rupture ne sera possible. « L'immigration étrangère irrégulière est difficile à maîtriser parce qu'elle est la conséquence d'une politique migratoire qui n'en est pas une et qui repose essentiellement sur des droits[8] », estime en ce sens Michèle Tribalat.

Il serait temps, en effet, de renégocier les traités internationaux qui ont *de facto* dépossédé notre pays de sa souveraineté en matière de politique migratoire. Certaines dispositions de la Cour européenne des Droits de l'homme concernant la vie privée et le regroupement familial, fondées sur un altruisme international, ne sont plus tenables. Sur le même registre, le temps est venu de dénoncer les accords bilatéraux très avantageux passés avec

7. *Le Monde*, 31 mai 2018.

8. *Le Figaro*, 7 décembre 2022.

l'Algérie, le Maroc et la Tunisie. « Lorsque le Parlement français modifie la loi pour durcir les conditions de séjour en France des ressortissants des pays tiers relevant du droit commun, explique Patrick Stefanini, ces modifications, adoptées le plus souvent au terme de débats passionnés, ne s'appliquent pas à près d'un tiers des étrangers qui s'installent chaque année en France.[9] » Et d'appeler à « dénoncer ces accords bilatéraux aujourd'hui dépourvus de signification et qui génèrent chaque année une importante immigration automatique en France ». Sans une politique de rupture, l'ancrage des communautarismes et les logiques de territoire nous conduiront inexorablement à des tensions et des affrontements d'une violence jamais connue auparavant.

Les signes avant-coureurs d'une dislocation du lien national ne sont-ils pas déjà sous nos yeux ? Des dirigeants et intellectuels de plus en plus nombreux, et plus uniquement situés sur la droite extrême de l'échiquier politique, brandissent les menaces qui pourraient découler d'un grand remplacement (formule attribuée au militant d'extrême droite Renaud Camus). On redoute, chiffres et statistiques à l'appui, qu'au peuple de France ne s'oppose, dans un avenir prochain, une population venue d'ailleurs, aux us et coutumes incompatibles avec nos traditions, notre art de vivre, notre attachement à l'égalité, notre goût pour la liberté, le débat, la contestation ; en somme, tout le contraire de la soumission à on ne sait quelle idéologie.

9. Patrick Stefanini, *Immigration. Ces réalités qu'on nous cache*, Éditions Robert Laffont, 2020.

Côté politique, le candidat Éric Zemmour a fait de la question civilisationnelle un axe central de sa campagne présidentielle, en brandissant le risque d'une guerre civile. Bien qu'éliminé dès le premier tour de l'élection, son score significatif de 7 % traduit une peur incontestable face à cet inconnu. Dans la même veine, l'écrivain Michel Houellebecq se disait « très choqué qu'on appelle ça une théorie [le grand remplacement]. Ce n'est pas une théorie, c'est un fait[10] ». Ce à quoi lui répondait en écho le philosophe Michel Onfray : « C'est objectivement ce que disent les chiffres. » L'un comme l'autre partageaient une vision très sombre de l'avenir du pays. « Quand des territoires entiers seront sous contrôle islamiste, des actes de résistance auront lieu, prédit l'auteur de *Soumission*[11]. Il y aura des attentats et des fusillades dans les mosquées [...] des *Bataclan* à l'envers », ajouta-t-il, funeste.

Nos services de renseignements ne disent pas autre chose, lorsqu'ils alertent sur les risques de violences systémiques, compte tenu de la montée exponentielle du phénomène migratoire. Selon une enquête statistique menée par l'INSEE et l'INED, un tiers de la population âgée de moins de 60 ans a des origines immigrées[12]. « Certaines villes ont déjà connu un basculement démographique[13] », alerte de son côté Patrick Stefanini. Ainsi, à La Courneuve, 75 % des 0-18 ans sont issus de

10. Revue *Front Populaire*, 8 décembre 2022.

11. Michel HOUELLEBECQ, *Soumission*, Éditions Flammarion, 2015.

12. *Le Monde*, 5 juillet 2022.

13. Patrick STEFANINI, *op. cit.*

parents immigrés extra-européens ; à Clichy-sous-Bois, 72 % ; dans le 19e arrondissement de Paris, 50 % ; 43 % dans le 18e et 42 % dans le 20e. La région parisienne n'est pas la seule concernée par cette sur-représentativité étrangère : à Limoges, ce sont 27,5 % des 0-18 ans ; à Rennes, 22,8 %, etc. L'Observatoire de l'immigration et de la démographie estime que les niveaux très élevés de l'immigration et de la fécondité sont les causes de ces pourcentages élevés.

Incontestablement, les taux de fécondité accentuent sensiblement le phénomène. Il est aujourd'hui de 2,73 pour une femme immigrée, de 1,9 pour les Françaises[14]. Les naissances d'enfants dont au moins un parent est étranger ont progressé de 63,6 % entre 1998 et 2018, tandis qu'elles ont diminué de 13,7 % pour deux parents français. Chaque année, plus de 200 000 étrangers s'installent en France. À ce chiffre, il faut ajouter la présence de quelque 900 000 illégaux sur le territoire national, qui grossit d'environ 200 000 par an.

Nos généreuses politiques migratoires sont-elles encore adaptées face à ces flux massifs qui menacent notre cohésion nationale ?

14. François Héran, *Population et société*, n° 568, 2019.

Échec de l'intégration

« À l'immigration subie, je préfère l'immigration choisie »
Nicolas Sarkozy, Le Figaro, *17 janvier 2005*

Derrière les discours de fermeté, au final, l'humanisme envers les populations étrangères l'a toujours emporté au détriment des autochtones n'aspirant, de leur côté, qu'à vivre en toute tranquillité. Un humanisme à géométrie variable, pourrait-on dire ! Or, l'accueil sans limites de populations étrangères de cultures radicalement différentes, ne bénéficie pas plus à l'hôte, qui se sent dépossédé de son milieu naturel, qu'à l'invité, qui trouvera une situation dégradée, celle qu'il espérait précisément fuir.

Ainsi, fidèle à sa politique du « En même temps », Emmanuel Macron promet, le 23 novembre 2022, devant les maires réunis en congrès, un « vrai travail de civilisation » afin de préserver notre mode de vie. Pour, peu après, vanter les immenses bienfaits des immigrations, sans lesquelles la France ne serait peut-être plus la France : « La France a toujours été une terre d'immigration. Cela fait partie de notre ADN[1] », affirme-t-il, sans craindre de

1. *Le Parisien*, 4 décembre 2022.

falsifier l'histoire. Car, en réalité, depuis les Carolingiens et jusqu'à Napoléon III en 1850, la France n'a connu aucune vague d'immigration. La démographe Michèle Tribalat rétorque[2] que la France n'a pas toujours été un pays d'immigration, avec pour preuves les recensements. « C'est la force de notre pays, et on en a toujours eu besoin pour notre économie. Sans les Polonais, il y a un peu plus d'un siècle, comment nos mines auraient tourné ? Sans les Italiens, les Espagnols, les Maghrébins, comment le secteur agricole aurait tourné ? Sans les immigrés africains, comment le BTP, la construction auraient tourné ? », persiste et interroge le chef de l'État.

Certes, les différentes vagues d'immigration, depuis le début du XXe siècle, correspondent à un besoin de main-d'œuvre de notre industrie et de notre agriculture. D'origine européenne, elles n'ont guère posé de problèmes d'assimilation. Elles ont enrichi la France de leurs diversités dans les domaines culturels, artistiques, sportifs, intellectuels, etc. Nos origines judéo-chrétiennes communes ont incontestablement permis cette adhésion naturelle aux valeurs et aux modes de vie de la France.

Avec les dernières vagues d'immigration en provenance du Maghreb et de l'Afrique sub-saharienne sont apparues les difficultés : « Les premiers étaient chrétiens et l'endogamie religieuse a favorisé la mixité des unions avec des Français d'origine, selon Michèle Tribalat. Pour les

---

2. *Le Figaro*, 7 décembre 2022.

musulmans venus du Maghreb ou du Sahel, l'endogamie religieuse est un obstacle à cette mixité[3]. »

Force est de constater l'échec de l'intégration d'une partie des deuxième, troisième et quatrième générations, originaires de ces régions. Regroupées essentiellement en périphérie des villes, elles connaissent une forme de ghettoïsation et de repli sur soi, source, au bout du compte, de davantage de misère, de tentation de séparatisme et, *in fine*, de délinquance sauvage. « Ce qui maintient un grand nombre de citoyens sous le même gouvernement, estimait Alexis de Tocqueville, c'est bien moins la volonté raisonnée de demeurer unis que l'accord instinctif et en quelque sorte involontaire qui résulte de la similitude des sentiments et de la ressemblance des opinions[4]. »

Depuis plusieurs décennies, ce sentiment d'unité autour d'un creuset républicain porteur de valeurs communes tend à s'effacer au profit d'un courant communautariste à l'anglo-saxonne, qui considère que l'exigence d'une assimilation est une forme de violence inacceptable.

Dans les années 1970-1980, les premières alertes n'ont pas été entendues. « Il y a en effet dans le monde trop de drames, de pauvreté, de famine pour que l'Europe et la France puissent accueillir tous ceux que la misère pousse vers elle », avait prévenu, le 6 juin 1989, devant l'Assemblée nationale, Michel Rocard, Premier ministre de François Mitterrand. L'année suivante, à l'occasion des états généraux de l'immigration, qui se sont tenus à Villepinte,

3. *Le Figaro*, 1er novembre 2019.

4. Alexis de Toqueville, *De la démocratie en Amérique*, 1840.

les deux grands partis de droite, le RPR et l'UDF, donnent à leur tour de la voix, dans une sorte de surenchère: « Fermeture des frontières, suspension de l'immigration, certaines prestations sociales réservées aux nationaux, incompatibilité entre l'islam et nos lois[5] », promettait-on, la main sur le cœur. À la tribune, l'ancien président de la République, Valéry Giscard d'Estaing, n'était pas en reste: « Nous n'acceptons ni la xénophobie, ni la francophobie, la France n'est pas un pays d'immigration, et nous devons nous donner les moyens réglementaires et administratifs, de gérer un quota zéro d'immigration[6]. »

Non seulement la droite ne décrétera jamais de quota zéro, mais, trente ans plus tard, elle se repentira publiquement d'avoir tenu de tels discours. Ainsi, interrogé en 2017 sur France 2 par le journaliste David Pujadas, à l'occasion des primaires de la droite, Alain Juppé faisait acte de repentance: « Rétrospectivement, je pense que c'était une erreur », lâcha-t-il, gêné. Il est vrai qu'entre-temps, l'ancien Premier ministre avait publié *L'identité heureuse*, un essai en faveur de l'immigration, selon lui, « source de richesses et de diversités ».

Au fond, malgré les engagements, droite et gauche confondues ont laissé prospérer, voire ont encouragé, une immigration sans limites, qui a constitué le terreau du séparatisme, de la délinquance et de l'ensauvagement. De fait, plusieurs gouvernements ont procédé à des

5. *Le Monde*, 3 avril 1990.

6. INA-Soir 3, 31 mars 1990.

régularisations massives de clandestins, ont ouvert l'accès à la naturalisation sans s'assurer du niveau d'intégration, ont accordé généreusement des prestations sociales et maintenu l'Aide médicale d'État, sans condition. Ainsi, Manuel Valls, ministre de l'Intérieur, supprimera la franchise de 30 € pour bénéficier de l'Aide médicale d'État, abaissera de 50 % le coût d'obtention d'un visa et d'un titre de séjour, assouplira les critères de régularisation, en se fixant comme objectif le doublement des naturalisations. Toutes ces largesses d'un État providence à vocation internationale, véritable pompe aspirante, n'auront, du reste, jamais été accompagnées d'une réelle exigence d'intégration. Or, ce n'est pas à la France de s'adapter à l'étranger qu'elle accueille, c'est à l'étranger accueilli de s'adapter à sa nouvelle patrie.

Le 14 janvier 2007, porte de Versailles, à Paris, j'ai pris place au premier rang réservé aux parlementaires pour assister au lancement de la campagne présidentielle de Nicolas Sarkozy. Ses premiers mots, prononcés sur le ton de la confidence, sont destinés à ses mentors en politique. Ils me touchent avec une résonance particulière : « Ils m'ont enseigné à moi petit Français au sang mêlé, l'amour de la France et la fierté d'être français. Cet amour n'a jamais faibli et cette fierté ne m'a jamais quitté. Longtemps ce sont des choses que j'ai tues. Longtemps ce sont des sentiments que j'ai gardés pour moi, comme un trésor caché au fond de mon cœur que je n'éprouvais le besoin de partager avec personne », se confie publiquement le futur chef de l'État. Des applaudissements nourris ponctuèrent ce moment de sincérité.

Comment rester insensible à ce récit très personnel, dans lequel je pouvais moi-même me retrouver ? En effet, je suis né en Tunisie, protectorat français, d'un père d'origine maltaise et d'une mère italienne. Ma famille a été brutalement rapatriée en février 1963 à la suite des événements liés à la décolonisation. L'enchaînement de ces quelques heures qui ont vu notre destin basculer, est resté dans ma mémoire comme un arrachement à ma terre natale. Mon père entrant soudainement dans ma classe ; une dernière embrassade avec ma maîtresse ; un taxi moteur tournant devant l'école dans lequel se trouvaient déjà ma mère et mes deux petites sœurs, direction le port de Tunis sans se retourner ; la longue traversée nocturne de la Méditerranée ; le débarquement au petit matin à Marseille sous la neige, comme dans les livres ; enfin, dernière étape, la route pour un hébergement d'urgence dans la région lyonnaise.

Malgré le chagrin et les difficultés de reconstruction de toute une vie, mes parents m'ont aussi inculqué cet amour de la mère-patrie. Grâce à l'école de la République, j'ai bénéficié de l'égalité des chances, qui m'a permis de faire des études supérieures et d'embrasser la carrière de magistrat.

Je garde toutefois de mon jeune âge quelques blessures que j'ai toujours tues, par pudeur sans doute, peut-être un peu par honte… Il m'est arrivé, comme à beaucoup de rapatriés d'Afrique du Nord, de subir l'ostracisme. Aujourd'hui, lorsque j'y repense, cette intolérance n'a fait que renforcer mon envie de prouver à la terre entière mon attachement viscéral à mon pays.

Un événement de mon adolescence est resté gravé dans ma mémoire. Élève de 4e, j'étais très fier d'avoir obtenu les meilleures notes en composition française, preuve que je pouvais rivaliser avec mes petits camarades issus d'un milieu familial bien d'ici. C'était le dernier jour de scolarité, avant le départ en grandes vacances. Fidèle à sa tradition, le collège Ponsard de Vienne (Isère) avait organisé dans la grande cour d'honneur, en présence des familles, la cérémonie de remise des prix d'excellence. Mes petits camarades de classe étaient assis sur des bancs, bien disciplinés face au redouté proviseur qui égrenait les noms des récipiendaires dans toutes les matières. Je trépignais d'impatience en ne quittant pas ma mère des yeux; je voulais lui réserver une belle surprise. Quand vint le moment de l'attribution du premier prix de français, j'entendis, sans le comprendre sur le coup, appeler le second de la classe, lequel tout étonné, se vit remettre sous les applaudissements, le prix qui m'était destiné. Je demeurais comme pétrifié, n'osant plus croiser le regard de ma mère, à laquelle, heureusement, je n'avais rien dit, et qui n'en aura jamais rien su. À la fin de la cérémonie, alors que je m'apprêtais à la rejoindre, au bord des larmes, ma professeure de français, madame Marquais, me fit un signe discret, m'incitant à la rejoindre. Elle me conduisit à l'abri des regards jusqu'à la bibliothèque du collège, au fond de la cour. Avec un doux sourire, elle m'invita à choisir un livre. Du haut de mes 12 ans, je compris à cet instant l'injustice dont je venais d'être victime, et à laquelle elle n'avait pas été associée, j'en étais certain. Donc, qu'un petit pied-noir puisse rafler le premier prix de français pouvait nuire à la réputation de mon collège. Soucieux de rester digne, et bien que haut comme trois pommes, je levai les yeux en signe de reconnaissance vers ma professeure dont je n'oublierai jamais le visage. J'eus le sentiment que nous nous étions compris sans nous parler. Je choisis comme lot de consolation un beau livre bleu retraçant les découvertes du navigateur Magellan. Mais au fond, bon an mal an, ma nouvelle vie s'est construite naturellement, sans difficultés majeures, comme pour toutes ces familles qui ont été arrachées à leur terre natale.

Il en fut tout autrement, il faut bien le reconnaître, pour les premiers travailleurs immigrés originaires du Maghreb ou de l'Afrique sub-saharienne, qui n'avaient pas vocation à s'insérer dans une société occidentale, de culture judéo-chrétienne. Jamais, pour autant, dans les années 1960, ils ne se livrèrent à des violences urbaines ou des affrontements avec les forces de police. Les primo-migrants aspiraient à vivre paisiblement de leur travail et à faire venir leur famille pour une vie meilleure. Ces phénomènes de rébellion sont apparus avec la deuxième génération et les suivantes, sur lesquelles il convient de s'interroger.

Pourquoi l'intégration de jeunes issus de l'immigration, et bien que nés en France, n'a-t-elle pas toujours fonctionné ? Avant de tenter d'apporter une explication, il est important de rappeler que la grande majorité d'entre eux n'a pas versé dans la délinquance. Nous les côtoyons quotidiennement dans tous les corps de métiers de première ligne, comme l'on dit. Sans compter que nombre d'enfants d'immigrés ont accédé aux plus hautes responsabilités dans tous les domaines. En politique, par exemple, ils sont devenus ministres, parlementaires, maires, tous fiers de servir leur pays. Pour ne prendre qu'un seul exemple, Rachida Dati est née d'un père marocain et d'une mère algérienne ; elle a été élevée dans un quartier populaire de Châlon-sur-Saône. Elle deviendra magistrate puis ministre de la Justice.

En réalité, jusqu'à une époque encore récente, la France tentait, tant bien que mal, de ne pas sombrer dans le modèle anglo-saxon du multiculturalisme. « L'immigration d'hier était d'abord une histoire individuelle dont le destin était de se fondre dans les milieux populaires du pays d'accueil souvent par le mariage[7] », explique encore Christophe Guilluy. Mais force est de constater que ces dernières décennies, sous une forte pression migratoire en provenance essentiellement du Maghreb et de l'Afrique sub-saharienne, notre pays s'est montré incapable d'intégrer ces nouvelles populations arrivées en masse, fuyant les guerres et la misère. De fait sont apparues des fractures communautaires inconnues jusqu'alors. En 2019, dans *L'archipel français*[8], le politologue Jérôme Fourquet s'en faisait l'écho en mettant en lumière ces populations vivant sous le même drapeau mais dans des îles différentes.

Les risques pour notre cohésion nationale et le fameux vivre-ensemble sont apparus tels qu'ils ont conduit Emmanuel Macron à faire adopter, le 24 août 2021, une loi censée renforcer les principes républicains, plus communément appelée loi de lutte contre le séparatisme.

Il importe à ce stade de préciser que cette loi n'oblige en rien évidemment à gommer sa propre histoire. La religion musulmane, rappelons-le, est en nombre la deuxième de

---

7. Christophe Guilluy, *Fractures françaises*, Champs actuel, 11 septembre 2019.

8. Jérôme Fourquet, *L'archipel français*, Éditions du Seuil, 2019.

France. Sa pratique discrète et privée relève de la liberté de culte garantie par la Constitution. Elle ne pose aucune difficulté, dès lors qu'elle n'est pas placée au-dessus des lois de la République. Cependant, il devient urgent de réaffirmer qu'être ou devenir Français, quelles que soient ses origines, nécessite de rejoindre le creuset national, de se soumettre à nos lois républicaines, de respecter notre laïcité, mais aussi d'adopter notre culture et notre mode de vie. Ce qui est au cœur de cette loi, disons-le clairement, c'est bien la lutte contre le dévoiement d'un islam politique par les tenants de certaines pratiques contraires à nos valeurs.

Quel sera l'impact d'une telle loi, unique en son genre, notamment dans les quartiers très communautarisés où les signes ostentatoires d'une appartenance religieuse occupent déjà l'espace public ? Il est trop tôt pour le dire. Ce d'autant que, malgré les discours de fermeté, l'accueil toujours aussi généreux de populations d'une culture radicalement différente perpétue ses effets dévastateurs.

Au fond, malgré les engagements, droite et gauche confondues ont laissé prospérer, voire ont encouragé une immigration sans véritables limites, qui a constitué le terreau du séparatisme, de la délinquance et de l'ensauvagement.

En finir avec la repentance coloniale

> « *La colonisation fait partie de l'histoire française. C'est un crime, c'est un crime contre l'humanité, c'est une vraie barbarie et ça fait partie de ce passé que nous devons regarder en face en présentant aussi nos excuses à l'égard de celles et ceux envers lesquels nous avons commis ces gestes.* »
>
> *Emmanuel Macron, Interview à la chaîne privée algérienne Echourouk News, 14 février 2017*

Tandis qu'on affiche une fermeté pour rassurer l'opinion, en coulisses on s'active depuis plusieurs décennies et sous tous les gouvernements à ouvrir les vannes à toute la misère du monde. Ainsi cette circulaire datée du 18 juin 1991, adressée par le ministre de la Justice socialiste Henri Nallet à tous les procureurs pour leur ordonner de ne pas « intenter de poursuites pénales à l'encontre des étrangers qui réunissent l'ensemble des critères définis par la présente note-circulaire [...] de différer l'exécution des décisions judiciaires d'éloignement du territoire devenues définitives et prononcées à l'égard des étrangers concernés ».

Résultats ? 100 000 déboutés du droit d'asile seront à cette époque régularisés !

Nous pourrions multiplier les exemples de cette générosité sans limites. Aucun gouvernement n'a réellement pris les moyens de lutter contre un droit d'asile dévoyé, contre une immigration économique et son cortège de misères, de délinquance et de violences. Pire, certains l'ont favorisée en multipliant à souhait les procédures et recours dilatoires en attendant de procéder à des régularisations massives. Les procédures complexes, les compétences concurrentes des juridictions de l'ordre judiciaire et de l'ordre administratif, les multiples recours suspensifs d'exécution ont provoqué un véritable chaos judiciaire, qui a rendu quasiment impossible l'éloignement d'un clandestin, dès lors qu'il a mis les pieds sur notre territoire. À telle enseigne que les tribunaux administratifs et les cours administratives d'appel sont aujourd'hui absorbés à hauteur, respectivement, de 40 % et de 50 % de leur activité, par le seul contentieux des étrangers contestant une Obligation de quitter le territoire français (OQTF), une expulsion, ou un refus d'accorder le droit d'asile[1]. Dans un rapport public, la Cour des comptes relève que : « Les politiques d'entrée et de séjour dessinent un ensemble de procédures dont la cohérence et les objectifs sont difficilement identifiables et parfois contradictoires, qui par ailleurs est largement déterminé par les

1. Conseil d'État, *Simplifier le contentieux des étrangers dans l'intérêt de tous*, propositions, 9 octobre 2020.

engagements internationaux de la France et le droit de l'Union européenne[2]. »

Ce labyrinthe législatif et administratif est-il le fruit de la seule accumulation des textes au fil de l'eau, à laquelle, en vérité, il serait relativement aisé de remédier par une loi de simplification ? Ou bien ce méandre ne serait-il pas plutôt le résultat d'une volonté inavouée de protéger des étrangers envers lesquels nous aurions une dette mémorielle ? « Le principal obstacle à notre politique de maîtrise des flux migratoires est d'ordre psychologique[3] », affirme Didier Leschi, directeur de l'Office français de l'immigration et de l'intégration. « C'est ce sentiment diffus que nous sommes redevables d'un devoir d'hospitalité permettant d'"élargir le cœur" comme le dit le Saint-Père. » Autrement dit, les étrangers originaires de nos anciennes colonies disposeraient d'un droit naturel et imprescriptible à s'installer chez nous, en compensation des préjudices subis par le passé. Comment d'ailleurs expliquer autrement le soutien intensif d'associations d'aide aux étrangers, pour faire valoir leurs droits ? « Dès que la police contraint un étranger à intégrer un centre de rétention afin de préparer son départ, elle le présente immédiatement à une association subventionnée par l'État, censée l'aider à faire valoir des droits qui auraient échappé à l'administration, nous subventionnons ainsi une activité dont le but avoué est d'éviter que la reconduite à la frontière puisse être

2. Cour des comptes, *L'entrée, le séjour et le premier accueil des personnes étrangères*, 31 mars 2020.

3. Didier Leschi, *Ce grand dérangement. L'immigration en face*, Éditions Gallimard, coll. « Tracts », n° 22, 2020.

menée à son terme », se lamente le haut-fonctionnaire, dépité.

Les Français découvrent que, jusqu'au plus haut niveau de l'État, c'est le règne de l'impuissance. Ainsi, en mai 2022, à l'occasion de la rocambolesque affaire de l'imam Iquioussen, un proche de la Confrérie des frères musulmans, un feuilleton politico-judiciaire à dimension franco-maroco-belge sapera l'autorité du ministre de l'Intérieur Gérald Darmanin. Devant l'Assemblée nationale, ce dernier s'était flatté un peu trop vite de l'expulsion imminente de l'intéressé. Retoqué par les autorités marocaines et par les justices françaises et belges, Gérald Darmanin ne pouvait que constater la fuite de l'imam au nez et à la barbe de nos services de renseignement. Un fiasco retentissant ! Comme à l'accoutumée, le ministre donnait le change, avec la promesse d'une énième réforme de la politique migratoire… Face à ces rodomontades, en toute discrétion, la Belgique parvenait à expulser l'imam vers le Maroc, en ayant obtenu le précieux laissez-passer consulaire, qui avait été refusé à la France. Une forme de camouflet pour Emmanuel Macron, qui s'était engagé, pendant sa campagne de 2017, à faire exécuter 100 % des OQTF. Ajoutons que, la même année, la Cour des comptes révélait que sur environ 100 000 OQTF prononcées bon an mal an, 15 % seulement étaient suivies d'effet[4]. La raison en est évidente : « Plus un pays est pauvre, plus ses autorités sont attachées à ce que ceux de ses ressortissants qui vivent en France puissent y rester pour pouvoir continuer à effectuer

4. *JDD*, 12 janvier 2023.

des transferts d'argent au bénéfice des familles restées au pays[5] », explique l'ancien haut-fonctionnaire du ministère de l'Intérieur, Patrick Stefanini. C'est sans aucun doute l'une des raisons à l'origine des difficultés pour obtenir, de la part des pays sources, un laissez-passer consulaire nécessaire, dit-on, pour la mise à exécution d'une OQTF.

On se souvient, à cet égard, que la menace brandie temporairement par le ministre de l'Intérieur, Gérald Darmanin, de diviser par deux le nombre de visas demandés par les ressortissants des pays du Maghreb récalcitrants, n'aura été qu'un coup d'épée dans l'eau.

Doit-on continuer impunément à délivrer des OQTF qui n'ont d'obligation que le nom, puisqu'elles consistent en réalité en une simple invitation à quitter le pays par ses propres moyens ? Dans l'écrasante majorité des cas, l'étranger se maintient illégalement sur le territoire dans l'espoir d'obtenir tôt ou tard une régularisation, comme ce sera le cas sous le ministère de Gérald Darmanin, au prétexte de pourvoir au manque de main-d'œuvre dans les métiers en tension. Autant supprimer le dispositif OQTF totalement inopérant et extrêmement coûteux en matière de démarches administratives et judiciaires. L'urgence voudrait qu'on rétablisse le délit de séjour irrégulier, supprimé sous François Hollande. Ce qui permettrait le placement en garde à vue de l'étranger en situation irrégulière, puis son expulsion sous la contrainte vers son pays d'origine. Mais ce serait sans compter sur la pugnacité des

5. Patrick Stefanini, *op. cit.*

juges très remontés, dès lors que l'on attente aux droits naturels et imprescriptibles des migrants.

Le repli communautaire et la criminalité qui en découlent sont, à n'en pas douter, encouragés par l'autoflagellation trop longtemps entretenue par certains juges et politiques auprès de ces descendants de peuples colonisés. Comment, de leur point de vue, pourrait-on accabler toute cette jeunesse héritière d'injustices ? En transgressant nos lois et en s'en prenant à toute forme d'autorité, elle ne ferait, dès lors, que réclamer réparation de nos crimes passés. Cette extrême bienveillance de la justice à l'égard des fauteurs de troubles d'origine immigrée n'est évidemment inscrite nulle part ; elle est même contraire au principe d'égalité devant la loi. Elle n'est, en vérité, que le fruit d'une jurisprudence non écrite, qui ne s'est jamais démentie depuis un demi-siècle. Au prétexte d'expier nos péchés coloniaux, les petits caïds de quartiers bénéficient de la part de certains juges idéologisés d'une forme d'impunité qui, au bout du compte, les marginalise davantage.

Or, ce n'est pas en les traitant différemment, qu'on leur offrira un avenir meilleur. Si, au contraire, on leur appliquait la loi sans privilège absolutoire, ce serait une manière de leur restituer une responsabilité et une citoyenneté à part entière, qui seules pourraient les remettre dans le droit chemin. Résultat de cette permissivité ? Nombre de jeunes Français issus de l'immigration ont pris sauvagement possession de territoires, que certains considèrent « perdus pour la République[6] ». Soixante années après la

---

6. Emmanuel Brenner (sous la dir. de), *Les territoires perdus de la République*, Éditions Mille et une nuits, 2002.

décolonisation, cette survivance d'une immigration victimaire et revendicative signe incontestablement l'échec de toutes nos politiques en faveur des cités défavorisées.

À force d'entretenir chez eux une rancœur vivace à l'égard de l'ancien colonisateur, nous avons inexorablement enfermé ces jeunes délinquants dans un statut d'auteurs-victimes. S'ils n'étaient pas encouragés par leur impunité, pourquoi ne chercheraient-ils pas à tourner la page d'une histoire qui appartient désormais au passé, pourquoi ne transmettraient-ils pas à leurs propres enfants des deuxième, troisième et quatrième générations, les valeurs de l'effort et du travail et du respect d'autrui ? Pourquoi se seraient-ils auto-exclus dans une sorte de vie hors la loi ? Pourquoi nourriraient-ils ce sentiment d'appartenir à une contre-société où tout leur est permis, où l'amour de la patrie n'existe pas ? Pourquoi siffleraient-ils *La Marseillaise* lorsque nos nations s'affrontent sur un terrain de football ? Pourquoi, à chaque Saint-Sylvestre, brûleraient-ils des centaines de véhicules ? Pourquoi chercheraient-ils à défier l'école de la République en piétinant par provocation les règles de la laïcité ? Pourquoi, dans les cas les plus extrêmes, prendraient-ils les armes contre leur propre pays au nom d'un islam radical ?

Convaincus de devoir expier nos péchés coloniaux, les juges du Syndicat de la magistrature ont toujours affiché leur empathie pour les migrants en défendant leur droit naturel à entrer et se maintenir sur notre territoire : « C'est que la figure-repoussoir de l'étranger toujours suspect (de mensonge, d'abus, de rapine) n'a pas quitté le terrain politique avec l'alternance. De droits supplémentaires, il n'en est plus même question : le droit de vote aux élections locales, oublié ; le retour à la carte de résident de dix ans votée en 1984, exclu ; la restriction des contrôles d'identité pour lutter contre des contrôles au faciès si évidemment destinés à remplir les charters, hors de propos[7] », s'indignent-ils.

Ces juges, résolument en faveur de l'immigration, sortent, soit dit en passant, de leur rôle en n'hésitant pas, à la moindre occasion, à affronter le pouvoir en place, en torpillant ses décisions, sous n'importe quel prétexte juridique. Le droit d'asile, selon eux, n'est pas respecté dans notre pays : « L'hétérogénéité des pratiques, en particulier concernant le respect des garanties procédurales, contraste avec un élément majeur qui ressort de l'enquête : l'absence d'égalité des armes à diverses étapes de la procédure (par exemple, la dissuasion ou un comportement partial au détriment de l'étranger)[8]. »

En 1993, au moment du vote des lois Pasqua sur l'immigration, le Syndicat de la magistrature s'indignait ouvertement devant une commission d'enquête parlementaire des larges pouvoirs que l'exécutif s'était octroyés dans la régulation des flux migratoires : « Pourquoi le juge judiciaire intervient-il à la marge ? [...] Lorsqu'un étranger en situation irrégulière est interpellé, un préfet peut, d'autorité, prendre un arrêté de reconduite à la frontière ; c'est là un acte administratif discriminatoire, il n'y a pas de contrôle *a priori*. De la même façon, le ministre de

7. *J'essaime*, n° 28, septembre 2014.

8. *Idem*.

l'Intérieur peut prendre un arrêté d'expulsion », accusait-il, en violation totale de la séparation des pouvoirs.

En 1997, le SM montait à nouveau au créneau dans une lettre ouverte adressée au Premier ministre Lionel Jospin : « Qu'on le veuille ou non, la fermeture des frontières accrédite nécessairement dans l'opinion l'idée que la présence d'étrangers et d'individus d'apparence étrangère est anormale. Elle laisse également penser que la France doit se protéger des flux migratoires. [...] Faute d'être adaptée à la réalité du monde et aux besoins parfois vitaux de certains étrangers, la fermeture des frontières favorise l'arbitraire, l'injustice et la répression[9] », dénonçait-il.

Ainsi, un syndicat de juges, sans aucune légitimité issue du suffrage universel, s'autorisait à sermonner le chef du gouvernement sur la question du maintien de nos frontières ! Mieux, il lui dictait quelques réformes législatives à ses yeux indispensables : la suppression du délit de séjour irrégulier (en 2012, François Hollande s'exécutera en l'abrogeant), ainsi que la suppression de toutes conditions de ressources et de logement pour prétendre au regroupement familial. On comprend que, pour ces juges, l'immigration est un droit naturel et non pas simplement une faveur à la discrétion d'un État souverain. Dès lors, ce droit doit être soumis, comme tous les autres droits, au contrôle judiciaire. C'est, en fait, cette conception qui triomphe, puisque c'est bien le juge de la liberté et de la détention qui est compétent pour apprécier de l'opportunité d'une rétention administrative ou d'une reconduite

9. *Médiapart*, billet de blog, 30 mai 2017.

à la frontière, prise par l'autorité administrative. En toute logique institutionnelle, le suivi des étrangers ne devrait relever que de la seule administration. C'est le système qui prévaut par exemple en Grande-Bretagne, patrie, rappelons-le, de l'*habeas corpus*. Tandis que notre pays, cédant au diktat des juges, a consacré le principe de la judiciarisation de la législation sur les étrangers.

À l'occasion de trois événements rocambolesques, les juges du SM passeront de la parole aux actes, en sabotant ouvertement les expulsions gouvernementales.

Pour rappel. En juin 1996, l'église Saint-Bernard du 18e arrondissement de Paris est transformée en camp retranché de clandestins. Aussitôt, les juges prennent fait et cause pour les quelque 200 étrangers en situation irrégulière réclamant des papiers. Ces derniers, en majorité Maliens, Sénégalais et Mauritaniens, reçoivent dans le même temps le soutien d'associations et de personnalités de gauche, à l'instar d'Alain Krivine ou Emmanuelle Béart. Le 14 août 1996, par voie de communiqué, le SM commence à « mettre en garde le ministre de l'Intérieur et la préfecture de police de Paris contre toute nouvelle action illégale qu'ils seraient tentés de mettre en œuvre pour régler le conflit des Africains sans papiers, réfugiés dans l'église Saint-Bernard ». Le 23 août 1996, au bout de huit semaines de Fort-Chabrol, le ministre de l'Intérieur Jean-Louis Debré, sans céder à la tentative de putsch fomentée par un quarteron de juges, comme aurait dit le général de Gaulle, réquisitionne 525 gardes mobiles, 500 policiers et 480 CRS pour procéder à leur évacuation et à leur placement au centre de rétention administratif de Vincennes, en vue de leur reconduite à la frontière.

Mais cela est sans compter sur la ténacité des juges-félons. Une fois l'assaut ordonné, ces derniers dénoncent « l'évacuation et l'hospitalisation forcée de ces Africains » qui ne reposeraient sur aucun texte légal ; ils s'indignaient de « l'extrême intransigeance et de l'obstination du ministre à refuser » les régularisations d'étrangers sans papiers en bafouant les libertés individuelles essentielles reconnues dans la Convention européenne des Droits de l'homme. Discrètement, trois substituts proches du SM se concertent pour refuser de requérir à l'audience des peines fermes contre les clandestins auteurs de violences et rébellions. Quant à ceux déférés pour une prolongation de rétention administrative, ils sont miraculeusement remis en liberté, au prétexte fallacieux que les agents préfectoraux chargés de notifier les arrêtés de reconduite à la frontière n'ont pas reçu d'habilitation spécifique. Au final, les juges ont déjoué toutes les velléités gouvernementales avec de simples arguties juridiques.

Le bras de fer politico-judiciaire se poursuit lorsque, en février 1997, Jean-Louis Debré dépose une nouvelle loi sur l'immigration. Aussitôt, le Syndicat de la magistrature rejoint un mouvement de désobéissance civique initié par des mouvements de gauche, et harangue ses membres à « résister, en utilisant toutes les armes du droit, aux dérives engendrées par les textes liberticides[10] ». De fait, cette intrusion de la justice dans un domaine éminemment

10. *Le Monde*, 20 février 1997.

régalien se produit dans tous les prétoires de France et de Navarre, investis par des membres du SM.

En 1994, le président du tribunal de grande instance de Lyon, Hubert Dalle, que nous verrons à la manœuvre à la tête de l'École nationale de la magistrature (voir infra page 119), avait défié l'ordre républicain, en ordonnant le retour de deux jeunes Algériens expulsés par le préfet du Rhône, suite aux manifestations du CIP (Contrat d'insertion professionnel pour les jeunes). Le représentant de l'État, peu enclin à céder devant une décision entachée d'illégalité, saisit le Tribunal des conflits qui lui donne raison, en considérant que le tribunal a excédé sa compétence. Ironie du sort, l'un des deux casseurs a, entre-temps, été mis en examen pour vol avec violences. Ce qui n'empêche pas le président du tribunal de Lyon de poursuivre sa prestigieuse carrière, sans avoir jamais eu de comptes à rendre à personne. Mais il est vrai que l'indépendance de la justice, véritable cache-sexe de l'irresponsabilité professionnelle des magistrats, le mettait à l'abri de toute récrimination.

Le sort des migrants du navire *Ocean Viking*, en novembre 2022, sera pour les juges militants une nouvelle occasion de faire la démonstration de leur toute-puissance, en parvenant à faire plier le gouvernement d'Élisabeth Borne. On se souvient qu'une vive confrontation avait opposé la France au nouveau pouvoir italien de la nouvelle présidente du Conseil, Giorgia Meloni, laquelle s'était refusée à laisser accoster sur les ports du sud de la Péninsule le navire de migrants affrété par l'association SOS-Méditerranée. La France se résout, par souci humanitaire, à l'accueillir dans la rade militaire de Toulon, où tout était censé demeurer sous contrôle. Deux cent trente-quatre migrants, essentiellement des Bangladais, Érythréens, Syriens, Égyptiens, Pakistanais et Maliens étaient soulagés de poser pied à terre, après trois pénibles semaines de navigation errante. Face au tollé de l'opposition et l'inquiétude des Français, Gérald Darmanin se veut rassurant : « Les migrants ne relevant pas du droit au séjour et d'asile feront l'objet de mesures d'éloignement sans délai[11] », promettait-il, sans se douter de ce qui se tramait côté justice.

Cinq juges de la liberté et de la détention, dépêchés sur site, saisissent le moindre vice de forme pour annuler *illico presto* les décisions de mise en rétention administrative. L'un d'entre eux, par exemple, soulève l'absence de la mention « Commune de Giens » sur le procès-verbal des fonctionnaires de la Police des airs et frontières, pour remettre en liberté 17 migrants tout étonnés de cette décision inespérée. Au final, les juges vont invoquer, face à cet afflux de migrants, le manque de moyens et de temps, pour quasiment tous les remettre en liberté. Trop heureux, ces derniers s'évanouissent dans la nature sans demander leur reste. Diable !

Les juges de Toulon ne pouvaient-ils pas anticiper, s'organiser, faire appel au renfort de juges volants, de greffiers et d'interprètes qui auraient pu être dépêchés par les autres juridictions du ressort de la cour d'appel d'Aix-en-Provence, et ainsi pouvoir traiter en temps et en heure chacune des demandes de prolongation de rétention

11. *France Info*, 10 novembre 2022.

administrative ? « Vous savez qu'il n'est pas coutume de commenter les décisions de justice[12] », lâchait, amère, Élisabeth Borne. Le naufrage judiciaire de l'*Ocean Viking* avait, de toute évidence, été savamment orchestré pour empêcher les expulsions. Preuve en est, la réaction triomphante de la présidente du Syndicat de la magistrature qui dénonçait « la tentative d'OPA du ministre de l'Intérieur sur la justice » en se félicitant que les « nullités de procédure » avaient été soulevées par les juges en application de « l'État de droit[13] ».

Les juges, du côté des migrants, restent aux aguets et réclament toujours plus de pouvoirs pour contrecarrer l'administration : « En filigrane, c'est la question du rôle du juge lui-même qui se pose. Le juge est-il un "rempart ou un alibi" ? N'ayant le contrôle que d'une phase de la procédure, doté de pouvoirs limités, le JLD, par exemple, peut-il vraiment se considérer comme garant des libertés individuelles[14] ? », osent-ils s'indigner.

Nul ne sait ce que seront advenus les migrants relâchés dans la nature, sans moyens légaux de subsistance.

Avril 2023. La petite île de Mayotte, perdue dans l'océan Indien, est menacée d'implosion face à une criminalité violente sur fond de crise migratoire. L'ensemble des élus du territoire réclame une intervention urgente de Paris. Il y va de la survie du 101e département français, qui a librement choisi, par référendum du 23 décembre

12. BFMTV, 18 novembre 2022.

13. BFMTV, 17 novembre 2022.

14. *J'essaime*, n° 28, septembre 2014.

1974, de demeurer au sein de la nation française. Face à une situation de quasi-guerre civile avec les migrants du reste de l'archipel indépendant des Comores, le ministre de l'Intérieur Gérald Darmanin déclenche l'opération « Wuambushu » (« reprise » en mahorais). Les forces de l'ordre reçoivent pour mission de démanteler les bidonvilles et d'expulser les étrangers en situation irrégulière.

C'était, une nouvelle fois, sans compter sur le contre-pouvoir du Syndicat de la magistrature, lequel appelle aussitôt ses membres à la résistance. Hors de question d'être « la caution utile d'un gouvernement s'apprêtant à mener une opération qui, par son envergure et ses objectifs, amènera très certainement des violations massives des droits humains[15]... », a-t-il prévenu.

De fait, une semaine plus tard, le tribunal judiciaire de Mamoudzou, saisi en référé par une vingtaine d'occupants du principal bidonville menacé de démolition, ordonne la suspension des opérations. La présidente du tribunal judiciaire, Catherine Vannier, qui n'est autre que l'ancienne vice-présidente du Syndicat de la magistrature, a, semble-t-il, répondu au mot d'ordre. C'est en tout cas la conviction du député du territoire, Mansour Kamardine, lequel dénonce une décision prise au nom d'une idéologie. L'élu du peuple se voit aussitôt recadré sans ménagement : « Les accusations de politisation, de partialité et de dogmatisme des magistrats du tribunal judiciaire de Mamoudzou sont des accusations graves qui constituent des tentatives condamnables de déstabilisation et de remise en cause de

15. *Le Figaro*, 27 avril 2023.

la justice[16] », contre-attaque le SM. Côté gouvernement, on se contente d'interjeter appel, sans le moins du monde dénoncer l'atteinte manifeste à la séparation des pouvoirs.

« J'accuse le Syndicat de la magistrature d'être totalement politisé » dénonce Bruno Retailleau, patron du groupe Les Républicains au Sénat. Il ajoute : « quand ce syndicat publie un communiqué disant que l'autorité judiciaire ne peut pas être au service de la répression sociale… Quelle répression sociale ? Il faut dépolitiser la justice […] se syndiquer pour des raisons professionnelles, oui. Mais pas la politisation, la justice doit être au-dessus de tout soupçon ». Il s'en prend également au Conseil Supérieur de la Magistrature (CSM), garant de l'indépendance de la justice : « Il y a un problème avec le CSM, qui est totalement corporatiste. Si on veut une justice impartiale, il faut réformer le CSM. Il faut des sanctions contre le Syndicat de la magistrature[17]. »

En définitive, le Syndicat de la magistrature peut s'enorgueillir d'être à l'origine de cette nouvelle débâcle du pouvoir exécutif et, du même coup, d'avoir étendu son influence de la Métropole jusqu'aux Outre-mer.

16. *HuffPost*, 27 avril 2023.

17. *Public-Sénat*, 4 mai 2023.

Chapitre 3

Les juges révolutionnaires

« Méfiez-vous des juges, ils ont tué la monarchie, ils tueront la République. »
François Mitterrand, ancien garde des Sceaux

1968, l'année du Big Bang

« En temps de révolution, qui est neutre est impuissant. »

Victor Hugo, Histoire d'un crime

L'ensauvagement de la société n'est pas le fruit du hasard. Il est le produit d'une idéologie permissive promue par le Syndicat de la magistrature, une organisation apparue très précisément le 8 juin 1968, sur les décombres encore fumantes des événements du mois de mai. Ce fut une mini-révolution, le statut de la magistrature ne le prévoyant pas. Avec audace, près de 150 magistrats, membres pour la plupart de l'Association des auditeurs et anciens auditeurs de justice (AAAAJ), franchirent le pas en créant le Syndicat de la magistrature. La consécration juridique est venue quatre ans plus tard, le 1er décembre 1972, à l'occasion d'un arrêt du Conseil d'État dit Obrego, qui déclarait recevable son intervention dans une instance en cours. Les sages de la rue Montpensier venaient de mettre sur orbite, sans l'avoir imaginé sans doute, un syndicat, qui, au-delà de la défense des seuls intérêts matériels et moraux d'une profession, se fixera comme ambitieux objectif de mettre la justice au service de la lutte des classes.

À l'occasion d'affaires retentissantes, deux pionniers vont incarner tour à tour cette rébellion judiciaire, les juges d'instruction Henri Pascal et Patrice de Charette.

En 1972, à Bruay-en-Artois (Pas-de-Calais), les Français découvrent pour la première fois le visage jovial aux grosses lunettes d'un juge d'instruction n'hésitant pas à prendre l'opinion à témoin, avec un accent du Midi qui passait bien. Henri Pascal, la cinquantaine à la silhouette ronde, issu d'un milieu modeste, sera vite surnommé le « petit juge ». Ce méridional d'origine, échoué à Béthune (Pas-de-Calais), s'est convaincu sans preuves tangibles que les violeurs et meurtriers de Brigitte Dewaere, une adolescente des Corons retrouvée étranglée sur un terrain vague, ne peuvent être que le notaire Pierre Leroy avec la complicité de sa maîtresse. Dans un univers digne de *Germinal*, ils avaient le tort d'appartenir à cette bourgeoisie supposée méprisante à l'égard des petites gens. Malgré leurs vives dénégations, il jette le couple en prison, sur la base fragile de quelques indices, d'un emploi du temps confus et d'apparences trompeuses.

Derrière cette décision, véritable fait du prince, affleure la volonté de rallumer la lutte des classes. Dans une région sinistrée par la fermeture des mines à charbon, le juge Henri Pascal, l'un des tout premiers adhérents au jeune Syndicat de la magistrature, s'est auto-investi du beau rôle de juge-justicier. Il conduit son enquête en tenant des conférences de presse, au mépris du secret d'instruction et en faisant fi de la présomption d'innocence. Face à l'inexistence de charges, le magistrat est interrompu dans sa croisade par la chambre d'instruction d'Amiens, qui le désavoue en ordonnant la remise en liberté du couple incarcéré depuis trois mois. Au final, le juge Pascal est dessaisi du dossier et le crime reste à jamais impuni.

Trois ans plus tard, en 1975, un autre juge d'instruction, lui-même adhérent de la première heure du Syndicat de la magistrature, va bousculer à sa façon l'ordre bourgeois. Descendant paradoxalement d'une famille catholique de droite, avec pour ancêtre l'illustre chef vendéen du même nom, Patrice de Charette, le cœur à gauche, va ouvrir une nouvelle voie à des générations de juges d'instruction frais émoulus de l'ENM. Il est le premier magistrat, à l'âge de 26 ans, à avoir l'audace de placer en détention provisoire un patron pour une négligence involontaire ayant entraîné un accident mortel du travail[1]. Il confessera des années plus tard que cette décision était le résultat d'une réflexion collective. Cette affaire a fortement ébranlé le pouvoir, qui découvre que la nouvelle justice de classe n'est plus un fantasme. Le malchanceux patron, cible expiatoire du nouveau Saint-Just prônant l'égalité et la vertu, est, certes, rapidement remis en liberté par la chambre d'accusation, mais le coup est parti. Dorénavant, une armée de juges rouges se tient prête à en découdre avec les élites du pays.

Ces précurseurs ne se cachaient pas de poursuivre un objectif prioritaire, recommandé à l'ENM, celui de s'en prendre à la classe dominante en épargnant coûte que coûte les jeunes délinquants, assoiffés, selon eux, d'une revanche sociale légitime.

1. Affaire Chaperon, 1975.

La stratégie pour parvenir à cette fin nécessitait de noyauter le système judiciaire pour ensuite le neutraliser. On s'assurerait ainsi de la destruction des moyens de la répression, condition indispensable à la victoire de la classe prolétarienne sur la bourgeoisie. Pour réaliser leur programme décapant, ces juges frondeurs ont pu s'appuyer sur un statut, l'indépendance, et sur un pouvoir, celui d'interpréter à leur guise la loi, voire de l'écarter purement et simplement en se fondant sur la supériorité des textes internationaux.

On notera ce paradoxe que, à la même époque, les syndicats des autres corps de magistrats au sein des tribunaux administratifs ou des juridictions financières ne tombèrent pas dans cette tentation justicière. D'emblée, le SM affichait la couleur, en déclinant la théorie du matérialisme dialectique au domaine de la justice. On y professait désormais que le crime n'est qu'un sous-produit de la misère, que les rébellions individuelles ou collectives ne sont que des réponses légitimes aux injustices sociales, qu'il suffirait donc de faire reculer les inégalités pour éradiquer la délinquance, et qu'au fond, la véritable insécurité qui trouble profondément l'ordre public, est celle de la délinquance en col blanc.

Avec la première alternance et l'arrivée de Robert Badinter place Vendôme, les juges révolutionnaires pouvaient enfin mettre en application la théorie de la « Défense sociale nouvelle ». Fondée par l'avocat italien Filippo Gramatica, cette école de pensée inspira à son tour le magistrat français Marc Ancel, qui se chargea de la diffuser au sein de la magistrature française : « Il faut considérer le délinquant non plus d'après les antécédents judiciaires extérieurs ou d'après les circonstances objectives de l'infraction, mais d'après la nature et les besoins profonds du sujet envisagé en lui-même et dans son milieu[2]. » La sanction prenait un caractère simplement curatif. Le délinquant ne devait plus être puni mais soigné. On faisait le pari qu'en s'attaquant aux causes du crime, on ferait disparaître les criminels. Résultat de cette forme d'angélisme ? Quatre décennies plus tard, le sentiment d'impunité a gagné une partie de la jeunesse des quartiers, prête à en découdre avec les forces de l'ordre pour protéger ses territoires.

Sentant venir ce danger, une autre association existant depuis 1946, l'Union fédérale des magistrats, décidera à son tour, en 1974, d'adopter la forme syndicale, en prenant le nom d'Union syndicale des magistrats (USM). Hélas, cette organisation majoritaire, à force de vouloir satisfaire tous ses courants et de rechercher le consensus mou, a fini par perdre la vitalité du combat face au bouillonnant Syndicat de la magistrature.

C'est dans ce contexte, qui plus est avec l'arrivée de la gauche au pouvoir, qu'en 1981 est créé un troisième syndicat, plus déterminé à combattre la nouvelle idéologie permissive, l'Association professionnelle des magistrats (APM), dont je prendrai la tête en 1995. Bien qu'opposés par principe au phénomène syndical dans la justice, les fondateurs et moi-même avons dû à notre tour nous syndiquer, et c'est là tout notre paradoxe, pour pouvoir nous exprimer librement, sans être tenus par l'obligation

---

2. Marc ANCEL, *La défense sociale*, Éditions Cujas, 1954.

de réserve liée au statut de magistrat. Nous avons opté pour l'appellation « association » et non « syndicat », pour bien nous démarquer du syndicalisme à caractère politique.

Le 11 décembre 1981, une lettre fondatrice avait été adressée à l'ensemble du corps: « Nous voulons nous battre... pour l'impartialité dans le jugement et la sanction, ce qui implique de nous garder, de nous prononcer en fonction de l'appartenance à une catégorie sociale ou à un courant d'opinions. Nous ne pouvons que nous méfier à ce titre de la tendance qui consiste à désigner des cibles prioritaires ou privilégiées. Il est indispensable aussi que les justiciables soient amenés à ne plus se préoccuper de l'idéologie de ceux qui sont appelés à les juger... Seule cette volonté évitera à la magistrature d'éclater en clans rivaux et de s'engager dans un processus de lutte des classes qui n'a pas sa place dans nos tribunaux. » C'est ainsi que, le cœur vaillant, nous nous étions élevés, un petit nombre, contre le noyautage de l'institution qui menaçait le pacte républicain fondé sur la séparation des pouvoirs.

Sans véritable soutien, catalogué « droite dure » par les médias, nous assistions, impuissants, à un désordre judiciaire grandissant, à la destruction méthodique des outils de la répression et à l'entrée en force des tenants de la culture de l'excuse dans les cabinets d'instruction et les tribunaux. Au final, notre résistance aura été vaincue. Nous devions même être littéralement liquidés en 1998 à la suite d'un procès stalinien d'un supposé antisémitisme, alimenté par nos adversaires, avec le soutien d'Élisabeth Guigou, garde des Sceaux. Cette véritable curée sera à l'origine de ma démission de la présidence de l'APM.

J'ai gardé en mémoire les différentes étapes de ce règlement de compte politico-syndical. Mon prédécesseur à la tête de l'APM, Alain Terrail, avocat général à la Cour de cassation, avait publié, en octobre 1998, un billet d'humeur tendancieux dans notre revue syndicale *Enjeu Justice*, dans lequel il moquait ironiquement les errements professionnels d'un de nos collègues de Toulon, qui se trouvait être de confession israélite. Malgré sa vive contestation de toute arrière-pensée antisémite, cet ancien conseiller technique du ministre centriste Pierre Méhaignerie sera condamné, après une audience largement relayée à la une du *Monde*, à une amende et mis à la retraite d'office. Poursuivi moi-même en tant que directeur de publication, comme le prévoit la législation sur la presse, je bénéficiais au final d'une dispense de peine, équivalant aux yeux de tous à une relaxe. Ce qui n'empêcha pas Élisabeth Guigou de me retirer du poste de premier juge d'instruction à Paris, sur lequel j'avais été programmé. C'est ainsi que fut bannie la seule organisation professionnelle qui manifestait la volonté de résister au diktat du Syndicat de la magistrature. Personnellement, je me réfugiai de guerre lasse sur mes terres lyonnaises, en réintégrant mes fonctions de substitut général à la cour d'appel du Rhône. C'est à cette époque que je pris la décision d'entrer en politique. Avec l'onction du suffrage universel, pensais-je, je pourrais reprendre le flambeau. Ce sera de nouveau le temps des désillusions.

Toujours très rancunier, le clan utilisera les bonnes vieilles méthodes du discrédit à l'encontre de mes successeurs et tout dernièrement encore en direction de son vice-président Charles Prats. Le 17 janvier 2023, ce dernier, au prétexte de tweets inappropriés contre les Gilets jaunes, fait l'objet d'une mutation-sanction par le Conseil supérieur de la magistrature, instance qui vient en outre de recevoir un renfort de poids avec la nomination en son sein d'Élisabeth Guigou !

En 2023, les rapports de forces au sein de l'institution judiciaire n'ont guère évolué. L'USM reste majoritaire dans les instances professionnelles. Le SM, aux dernières élections, a retrouvé ses couleurs en recueillant plus d'un tiers des voix des magistrats. Sa traversée du désert, à la suite de l'affaire dite du « Mur des cons » (voir infra page 128) ne fut en définitive que très brève. Seule véritable nouveauté, l'apparition d'un dernier-né, le Syndicat-FO justice. Bien que très minoritaire, sa secrétaire générale, Béatrice Brugère, parvient courageusement à faire entendre une voix dissonante, loin des utopies du SM. Quant à l'APM, elle survit discrètement avec un groupuscule d'irréductibles, la foi chevillée au corps.

Soyez partiaux

« Et qui pardonne au crime en devient complice. »
Voltaire, Brutus

En 1973, un « sermon sur la montagne », prononcé à Marseille, allait se répandre comme une traînée de poudre dans tous les prétoires de France et de Navarre. S'adressant à des auditeurs de justice qui s'apprêtaient à prendre leurs fonctions de juges et procureurs, le bon juge Oswald Baudot leur délivra ses commandements, sous forme d'une harangue qui les guidera tout au long de leur carrière :

> « Vous voilà installés et chapitrés. Permettez-moi de vous haranguer à mon tour, afin de corriger quelques-unes des choses qui vous ont été dites et de vous en faire entendre d'inédites. En entrant dans la magistrature, vous êtes devenus des fonctionnaires d'un rang modeste. Gardez-vous de vous griser de l'honneur, feint ou réel, qu'on vous témoigne. Ne vous haussez pas du col ; ne vous gargarisez pas des mots de "troisième pouvoir du peuple français", de "gardien des libertés publiques", etc. On vous

a doté d'un pouvoir médiocre, celui de mettre en prison. On ne vous le donne que parce qu'il est généralement inoffensif; quand vous infligerez cinq ans de prison au voleur de bicyclette, vous ne dérangerez personne.

Évitez d'abuser de ce pouvoir. Ne croyez pas que vous serez d'autant plus considérables que vous serez plus terribles. Ne croyez pas que vous allez, nouveaux saint Georges, vaincre l'hydre de la délinquance par une répression impitoyable. Si la répression était efficace, il y a longtemps qu'elle aurait réussi. Si elle est inutile, comme je crois, n'entreprenez pas de faire carrière en vous payant la tête des autres. Ne comptez pas la prison par années, ni par mois, mais par minutes, par secondes, tout comme si vous deviez la subir vous-mêmes. Il est vrai que vous entrez dans une profession où l'on entend seulement par-là que vous soyez impitoyables aux misérables, lâches envers leurs supérieurs, intransigeants envers leurs inférieurs; telle est l'ordinaire conduite des hommes. Tâchez d'éviter cet écueil. On rend la justice impunément; n'en abusez pas. Consultez le bon sens, l'équité, l'amour du prochain, plutôt que l'autorité et la tradition.

La loi s'interprète, elle dira ce que vous voulez qu'elle dise. Sans y changer un iota, on peut, avec les plus solides attendus du monde, donner raison à l'un ou à l'autre, acquitter ou condamner au maximum de la peine. Par conséquent, que la loi ne vous serve pas d'alibi. D'ailleurs, vous constaterez qu'au rebours des principes qu'elle affiche, la justice applique extensivement les lois répressives et restrictivement les lois libérales.

Agissez tout au contraire, respectez la règle du jeu lorsqu'elle vous bride, soyez beaux joueurs, soyez généreux, ce sera une nouveauté. Ne vous contentez pas de faire votre métier ; vous verrez vite que, pour être un peu utiles, vous devrez sortir des sentiers battus. Tout ce que vous ferez de bien, vous le ferez en plus. Qu'on le veuille ou non, vous avez un rôle social à jouer. Vous êtes des assistantes sociales, vous ne décidez pas que sur le papier, vous tranchez dans le vif. Ne fermez pas vos cœurs à la souffrance, ni vos oreilles aux cris.

Il y a des tâches plus urgentes que de chasser ce papillon, la vérité ou que de cultiver cette orchidée, la science juridique. Ne soyez pas victimes de vos préjugés de classe, religieux, politiques, ou moraux. Ne croyez pas que la société soit intangible, l'inégalité ou l'injustice inévitables, la raison ou la volonté humaines incapables d'y rien changer. Ne croyez pas qu'un homme soit coupable d'être ce qu'il est, ni qu'il ne dépende que de lui d'être autrement ; autrement dit, ne le jugez pas. Ne condamnez pas l'alcoolique ; l'alcoolisme que la médecine ne sait pas guérir n'est pas une excuse légale, mais c'est une circonstance atténuante. Parce que vous êtes instruits, ne méprisez pas l'illettré. Ne jetez pas la pierre à la paresse, vous qui ne travaillez pas de vos mains. Soyez indulgents au reste des hommes.

N'ajoutez pas à leurs souffrances ; ne soyez pas de ceux qui augmentent la somme des souffrances.

> Soyez partiaux pour maintenir la balance entre le fort et le faible, le riche et le pauvre, qui ne pèse pas d'un même poids ; il faut que vous le fassiez un peu pencher d'un côté ; c'est la tradition capétienne. Examinez toujours où sont le fort et le faible qui ne se confondent pas nécessairement avec le délinquant et sa victime. Ayez un préjugé favorable pour la femme contre le mari, pour l'enfant contre le père, pour le débiteur contre le créancier, pour l'ouvrier contre le patron, pour l'écrasé contre la compagnie d'assurances de l'écraseur, pour le malade contre la Sécurité sociale, pour le voleur contre la police, pour le plaideur contre la justice. Ayez un dernier mérite : pardonnez "ce sermon sur la montagne" à votre collègue dévoué. »

Très remonté, le garde des Sceaux de l'époque, Jean Lecanuet, manifesta son intention de poursuivre l'outrecuidant devant les instances disciplinaires pour manquement manifeste à l'impartialité et à l'obligation de réserve. Devant la levée de boucliers des magistrats déjà acquis à la cause, il battra très vite en retraite. Cette première reculade face à une justice conquérante, annonçait la reddition future et définitive du politique, désormais entre les mains d'un clan.

Pendant des décennies, des générations de magistrats seront biberonnées au « Soyez partiaux » du juge Oswald Baudot. Elles seront convaincues par l'idée que la répression est un leurre et qu'il fallait prendre parti « pour le voleur contre la police ». De nos jours, l'écho du Big Bang résonne avec la même force. En 2018, la juge

Simone Gaboriau en faisait toujours l'éloge dans la revue du Syndicat de la magistrature *Délibérée*: « Frappé du sceau de la réalité quotidienne de la justice, ce beau texte, plein d'humour mâtiné de philosophie, ne fut pas un coup de tonnerre anti-déontologique dans un ciel serein, mais un arc-en-ciel humaniste dans un ciel trouble[1]. »

« Un arc-en-ciel humaniste dans un ciel trouble »? Chacun se fera sa propre opinion, au regard des désordres grandissants dans nos quartiers où règnent désormais la violence et l'insécurité.

1. *Délibérée*, n° 5, p. 31.

Bouillonnement idéologique

« Rien ne ressemble plus à la pensée mythique que l'idéologie politique. »
Claude Lévi-Strauss, Anthropologie structurale

L'année 1973 fut particulièrement riche de promesses, d'enthousiasme et de discours enflammés : « Il faut s'investir partout où les luttes sociales sont faibles ou inefficaces et où les mentalités sont en retard sur la loi… En matière pénale, la délinquance ne doit pas être considérée comme un fléau à combattre, mais comme un facteur d'évolution et de progrès », entendait-on scander au congrès du Syndicat de la magistrature.

Le 6 novembre, le juge Dominique Charvet, Secrétaire général du SM, proclama *urbi et orbi* : « Le problème est de savoir si les avocats et les magistrats auront le courage de saborder leurs professions pour faire place à cette justice spontanée qui a surgi dans les *favellas* du Chili ou dans certains grands ensembles de nos régions. Il y a dans les arrière-salles des cafés de Bobigny et de Nanterre des juges populaires qui se lèvent pour rendre la justice dans leur propre milieu. Ce devrait être cela la justice de demain[1]. »

De fait, n'est-ce pas la justice d'aujourd'hui ?

On notera qu'en dépit des alternances, Dominique Charvet parviendra à se maintenir à des postes sensibles même au retour de la droite au pouvoir, trop soucieuse de ne pas se livrer à une chasse aux sorcières. Ainsi, il dirigera de 1991 à 1995 l'un des postes les plus sensibles de la Chancellerie, celui de directeur de la Protection judiciaire de la jeunesse (PJJ), en même temps d'ailleurs qu'il siégeait au conseil d'administration de l'École nationale de la magistrature. Le maître à penser conservait ainsi la haute main tout à la fois sur les futurs magistrats et sur la délinquance des mineurs. La PJJ aura eu toute sa bénédiction pour faire triompher la justice des « arrière-salles de café de Bobigny et de Nanterre ». Comment s'étonner dans un tel contexte de permissivité, de l'explosion de la délinquance juvénile ?

La même année encore, trois membres du bureau national du SM affichaient à leur tour la couleur : « Le juge n'est pas neutre. Sa décision n'est pas dépourvue de tout engagement. C'est au contraire un acte politique et que nous entendons politiser pour que le débat entre ouvertement dans le prétoire. Le juge doit faire surgir les conflits, faire que le prétoire devienne un lieu de discussion et de débat[2]. »

---

1. Revue de l'Association professionnelle des magistrats.

2. *Frontière*, septembre 1973.

Dès 1982, côté police, on commence à nourrir de réelles inquiétudes. Le secrétaire général de la Fédération autonome des syndicats de police, Bernard Deleplace, pourtant résolument ancré à gauche, alerte les militants du Syndicat de la magistrature réunis en congrès : « La police aura du mal à suivre, 1 % de notre corps est intéressé par les idées de la gauche [...] le virage est délicat à négocier, car plus que vous, nous sommes confrontés aux gens, à l'opinion publique, qui veulent qu'on arrête, qu'on défère, qu'on enferme. Et notre hiérarchie répugne à appliquer les circulaires Badinter ». Qu'à cela ne tienne ! On imposera la nouvelle doctrine, en se passant du soutien de la police.

Trente ans plus tard, le secrétaire général du SM, imperméable aux récriminations de la police, dénoncera la politique pénale du gouvernement avec la même ferveur que celle de ses pères fondateurs : « Il faut bien observer que le choix politique d'accentuer tous azimuts, les poursuites contre la petite délinquance, baptisée pompeusement "violences urbaines", surchargent totalement les tribunaux correctionnels, et les dossiers d'instruction complexes qui touchent à la vie économique se prescrivent dans les placards des greffes[3]... » Et de conclure en légitimant implicitement les violences urbaines : « Il est dès lors logique que les représentations collectives de telles attitudes engendrent chez les jeunes la haine des institutions, et finalement une violence accrue. » Un message de compréhension adressé aux auteurs d'attaques au mortier contre les commissariats de police, suscitant la colère des

3. Gilles Sainati, *Libération*, 12 avril 2000.

forces de police, épuisées d'interpeller vainement des récidivistes agissant en toute impunité. Les peines prononcées sont très peu dissuasives, souvent symboliques comme le rappel à la loi. Elles sont souvent inexécutées faute de places de prison qu'on n'a pas voulu construire, tandis que les patrons et élus, cibles de choix, défilent en priorité à la barre du tribunal correctionnel avec le risque bien réel de prendre le chemin de la prison (qui retrouve pour cette catégorie de justiciables toutes ses vertus). Les étrangers placés en centre de rétention administrative sont promptement remis en liberté par les juges de la liberté et de la détention. Ils viennent grossir le flot des clandestins, dans l'attente d'être régularisés. Le policier ayant fait usage de son arme en état de légitime défense, est *illico presto* placé en garde à vue, mis en examen, et suspecté d'appartenir à une « police qui tue »! Les mineurs multirécidivistes, bénéficiaires de l'excuse absolutoire, ne feront jamais un seul jour de prison, etc.

Hold-up sur la justice

« Ce n'est jamais la justice qui rend la justice, ce sont des juges, c'est-à-dire des hommes et des femmes susceptibles, comme tout autre, de commettre des erreurs. »

Lionel Jospin

Le Syndicat de la magistrature se livre à un entrisme forcené au sein de l'École nationale de la magistrature, dès sa création en 1970. Ce vivier de choix devait absolument être investi pour s'assurer de sa future hégémonie. Pour atteindre cet objectif, on commence par s'assurer de la composition des jurys du concours dit « exceptionnel », c'est-à-dire ouvert à la société civile. Ses membres sont triés sur le volet pour garantir un recrutement sur « mesure ». Ils veillent à sélectionner des candidats au profil idéologiquement monocolore, issus en majeure partie de la fonction publique, des syndicats ou des réseaux associatifs, où prédomine déjà une culture contestataire. Parallèlement, le gros des bataillons, constitués par les auditeurs de justice, issus directement des facultés de droit, sont, dès leur arrivée à Bordeaux, entrepris par les plus anciens pour s'initier à la nouvelle idéologie. Le profil des maîtres de conférences est scruté à la loupe. Ce sont eux qui ont la charge de rééduquer les jeunes esprits, à peine sortis d'un cocon familial plutôt bourgeois.

En 1978, à mon arrivée à l'École nationale de la magistrature, j'avais d'emblée été envahi par l'étrange impression d'avoir atterri sur une autre planète, peuplée de révolutionnaires, prêts à renverser une société injuste, avec comme seule arme leur robe de magistrat.

Il m'arrivait, je dois l'avouer, de déserter ces forums post-soixante-huitards, pour aller respirer l'air pur de Lacanau ou arpenter les coteaux du Saint-Émilion. Je me souviens de quelques belles balades en Dordogne avec une poignée de collègues réfractaires au bolchevisme judiciaire. Nous résistions à cet enseignement entièrement tourné vers la remise en cause de la sanction. Nous étions impatients de découvrir la vraie vie des juridictions, loin de toutes ces billevesées qu'on tentait de nous inculquer. Nous étions loin d'imaginer la capacité du clan à semer durablement leur gloubi-boulga au sein de toute l'institution. Dans l'amphithéâtre de l'ancien fort du Hâ qui abrite l'ENM, la lassitude nous envahissait lors de séminaires à n'en plus finir sur le sens de la peine ou la condition du détenu, dont venaient nous entretenir des spécialistes patentés, à l'instar de l'ancien braqueur de banques Roger Knobelspiess. Je me souviens également de la réception en *guest-star*, du juge d'instruction Patrice de Charette, tout auréolé d'avoir jeté un patron en prison (voir supra page 101). Je me souviens de notre bibliothèque emplie d'ouvrages très recommandés, tels que *Surveiller et punir* de Michel Foucaud, très hostile à toute forme d'emprisonnement. Quant aux stages et activités de recherches proposés, ils étaient à l'évidence orientés dans le sens d'une remise en cause d'un ordre établi. Exemples : « La soif de justice que les jeunes expriment y compris par des transgressions » ; « Analyse institutionnelle. Le phénomène hiérarchique. Exercice de l'autorité et conformisme. Résistance au changement. »

Toutes sortes de questionnements philosophiques défiaient en permanence notre intelligence, un peu comme dans une secte où l'on pratique le lavage de cerveau. Il fallait qu'on considère les individus qui transgressent les lois non pas comme des délinquants, mais comme des redresseurs d'inégalités sociales, les jeunes des banlieues qui volent un véhicule comme des révoltés qui réparent une injustice économique, les voleurs à l'arraché comme des redistributeurs sauvages de richesses. On prônait l'abolition de toute forme de répression jusqu'au stade ultime de la suppression de la prison. Celle-ci fit d'ailleurs l'objet d'une motion votée par le Syndicat de la magistrature, lors de son congrès en 1985. Autant de postulats subversifs qui, de promotions en promotions, finiraient par introduire le ver dans le fruit.

En 1989, l'un des directeurs de l'ENM, Hubert Dalle, affiche clairement ses objectifs dans la revue *Justice* du Syndicat de la magistrature : « Ne faut-il pas en se basant sur une véritable analyse en termes de lutte des classes, trouver sur le terrain judiciaire les modes d'expression de celles-ci [...] et aussi participer à la création de contre-valeurs qui permettent au juge de rendre des décisions dans un sens socialiste ? »

Pour la mise en œuvre de son programme, Hubert Dalle s'entoure d'une équipe sûre, composée d'enseignants et de cadres du SM, sans omettre de verrouiller le conseil d'administration avec des personnalités de gauche.

Le Figaro du 24 janvier 1984 décrivait une école pieds et poings liés : « Après cinq ans de socialisme, l'orientation à gauche est plus que jamais marquée et le ton monocolore de la formation, évident. Les maîtres de conférences appartiennent dans une forte proportion au Syndicat de la magistrature. »

À la sortie de l'ENM, je me contentais d'un classement moyen et prenais très vite le large en postulant pour le parquet de Pointe-à-Pitre (Guadeloupe). Au moins pour un temps, sous le soleil des Caraïbes, pensais-je, je mettrais les distances avec les caciques du Syndicat de la magistrature entrés en force à la Chancellerie, depuis l'élection de François Mitterrand. En réalité, tout au long de ma carrière, je me retrouverai à devoir les affronter, en tant que dirigeant de l'Association professionnelle des magistrats. J'ignorais encore combien ce combat serait rude (voir supra page 105). J'aurai l'occasion de revenir à l'ENM, en 1996, invité en tant que responsable syndical. Je me souviens d'un accueil plutôt froid dans cet amphithéâtre aux odeurs de naphtaline. Mon contradicteur, Jean-Claude Bouvier, secrétaire général du SM, donna d'emblée le ton, le même que j'avais connu dix-huit ans auparavant : « Nous sommes nés de la contestation. Lorsque le législateur viole une liberté, comme c'est le cas avec la loi Pasqua sur l'immigration, à nous de le censurer », clama-t-il sous les applaudissements nourris des auditeurs de justice, à l'exception de l'une d'entre eux qui rompit la belle harmonie : « Est-ce le rôle du juge de critiquer les lois ou de décider collectivement de ne pas en appliquer certaines ? », fit-elle mine de s'étonner.

Elle fut aussitôt rappelée à l'ordre par Bouvier : « Bien sûr. La constitution fait du juge le gardien des libertés et les normes européennes supérieures à la loi nous permettent aujourd'hui de censurer le législateur. » Pour ce syndicaliste pur jus, la loi est analysée comme le produit d'un ordre établi sur un rapport de forces. La loi, celle du plus fort donc, opprime nécessairement ; elle est injuste.

C'est pourquoi le juge doit la transposer dans une autre réalité par une interprétation extensive des textes. Le juge se livre à une réécriture de la loi. Sa volonté se substitue à celle du législateur. Il devient le défenseur naturel du « faible contre le fort », même si le fort est dans son droit. Il s'agit de favoriser une partie contre l'autre, selon des critères socio-politiques. Le Syndicat de la magistrature mettra tous ses moyens en faveur des « opprimés », notamment en leur fournissant des guides de recommandations en cas de besoin : *Le guide du prisonnier* (1996), *Vos papiers. Que faire face à la police ?* (2001), et, dernier en date, le *Guide du manifestant arrêté*, publié en 2005 et réactualisé en 2019, à la suite des mouvements sociaux des « Gilets jaunes », et à nouveau remis au goût du jour à l'occasion des manifestations violentes contre la réforme des retraites d'Emmanuel Macron. Un guide dont le graphisme représentant la balance de la justice soulevée par un poing révolutionnaire, en dit long sur le phénomène d'hybridation entre une ultra-gauche judiciaire et certains mouvements activistes s'en prenant aux forces de l'ordre et semant le chaos comme à Notre-Dame-des-Landes ou à Sainte-Soline.

En 2023, fidèle à sa tradition d'accompagnement des luttes sociales, le Syndicat de la magistrature se range ouvertement du côté des manifestants contre la réforme des retraites. Par communiqué du 20 mars, il répond sèchement à la circulaire du garde des Sceaux, Éric Dupont-Moretti, qui avait eu l'outrecuidance de demander aux procureurs une réponse pénale rapide et efficace contre les auteurs de violences commises contre les forces de l'ordre : « L'autorité judiciaire n'est pas au service de la répression du mouvement social », avait-il fait savoir à un ministre peu enclin, par ailleurs, à engager un bras de fer contre un syndicat dont il épousait les idées. Résultat de cette orientation idéologique ? Les fauteurs de troubles interpellés sont *illico presto* remis en liberté sous n'importe quel prétexte juridique.

Alors, quel avenir pour l'École nationale de la magistrature ? Doit-on éternellement continuer à fabriquer en séries de futurs juges formatés à une idéologie contraire à l'impartialité inhérente à la fonction de juger ? Le seul moyen de mettre un terme à la tentation politique par la mainmise d'un clan sur l'institution serait de supprimer l'ENM dans sa mouture actuelle et d'en revenir à un Centre d'études judiciaires, tel qu'il existait auparavant. Un tel centre présenterait l'avantage de brasser dans un tronc commun les futurs juges, avocats et autres professions juridiques qui devraient très majoritairement être issus de la société civile.

On observe qu'après la suppression de l'ENA, du corps préfectoral et de celui des ambassadeurs, il semble enfin se dessiner le même destin pour l'ENM. Ce ne sera sans doute pas chose facile, quand on se souvient de la levée de boucliers des magistrats, lorsque Éric Dupont-Moretti avait eu l'audace de nommer, pour la première fois de son histoire, une avocate à la direction de l'ENM. Crime de lèse-magistrat !

Cette possible et ô combien souhaitable évolution apparaît en filigrane dans les propositions d'orientation de l'ENM, formulées à l'occasion des états généraux de la justice. Son président Jean-Marc Sauvé suggère dans son rapport de sortir d'une forme de « corporatisme préjudiciable à l'ouverture du corps vers la société civile. Au-delà de la seule question de la formation, le renforcement des liens et des travaux collectifs entre magistrats et avocats doit être recherché dans la durée, afin d'éviter l'"entre-soi" et de faire émerger une culture commune et une véritable coproduction intellectuelle[1] ».

Pour faire triompher durablement la révolution permanente, encore faut-il se livrer à une purge massive du corps afin de placer des gens sûrs aux postes clés. La commission d'avancement et le Conseil supérieur de la magistrature, où se décident les promotions aux postes sensibles, sont désormais trustés par des magistrats dévoués à la cause. Ils se chargent discrètement d'écarter les profils récalcitrants. Les nominations se font donc au mépris de la règle de l'ancienneté et du mérite. Des magistrats classés dans les derniers de liste passent devant les récalcitrants.

Cette politique du *spoil system* est dévoilée par deux anciens du SM, Frédéric Nguyen et Yves Lemoine, dans

1. Rapport du Comité des États généraux de la justice, *Rendre justice aux citoyens*, 8 juillet 2022.

leur *Livre noir du Syndicat de la Magistrature*[2] : « Jamais un groupe collectif organisé dans le corps judiciaire n'a pu réaliser ce grand chelem. Le dessein de cette hégémonie compte tenu de l'âge moyen (entre trente-cinq et cinquante ans) vaudra pour les vingt prochaines années. »

Le juge Louis Joinet, fondateur du SM, fut l'artisan en chef de cette razzia. En 1974, lors du VII congrès du Syndicat de la magistrature, celui qu'on surnommait « Louis le juste » s'enflamma en ces termes : « La loi, nous la violons, c'est ce qui nous permet de la faire avancer ! » Conseiller à Matignon de tous les Premiers ministres socialistes, depuis Pierre Mauroy jusqu'à Édith Cresson, puis du président Mitterrand à l'Élysée à partir de mars 1993, il a pu réaliser cette chasse aux sorcières avec l'aval du sommet de l'État, comme en témoigne l'affaire dite des « fiches du Conseil supérieur de la magistrature ».

Pour rappel. Huit membres du Conseil supérieur de la magistrature qui veillaient « en toute indépendance » à la nomination des hauts magistrats, avaient reçu une lettre anonyme accompagnée de la note photocopiée, rédigée par la secrétaire du CSM à l'attention de François Mitterrand, et faisant état des opinions politiques de chacun. Les sensibilités politiques des magistrats pressentis pour occuper des postes clés y étaient soulignées. Le document atteste même de quelques remarques personnelles du président. Bref, de quoi émouvoir l'ancien Premier ministre, Raymond Barre : « Je ne vous cache pas que je suis choqué, quand

---

2. Yves LEMOINE et Frédéric NGUYEN, *Le Livre noir du Syndicat de la magistrature*, Éditions Albin Michel, 1991.

j'apprends que le président de la République, dont la Constitution fait le garant de l'indépendance de la justice et qui lui confie le soin de nommer les hauts magistrats, se fait remettre des notes, des appréciations et des clauses sur ces mêmes magistrats. Des notes sur leur capacité professionnelle, pensez-vous ? Non ! Sur leurs opinions politiques[3] ! »

Ironie du sort, le pouvoir socialiste, qui a lui-même favorisé la politisation de la justice, en sera pour ses frais lorsque éclateront les grandes affaires politico-financières. Ces combats idéologiques n'appartiennent pas à un passé révolu, contrairement à ce que certains prétendent. Les juges, héritiers d'Oswald Baudot, sont toujours sur le qui-vive, prêts à pointer leurs flèches au curare contre tout collègue suspecté d'être répressif.

En décembre 2022, le juge Tony Skurtys, qui préside les comparutions immédiates au tribunal judiciaire de Paris, va en faire l'amère expérience. Certains de ses collègues au sein du tribunal refusent de siéger avec lui, trouvant ses méthodes inacceptables. « Il y a un moment où quelqu'un de chez nous va devoir faire quelque chose, fulmine une procureure sous couvert de l'anonymat. J'ai fait remonter systématiquement, tout le monde sait qu'il y a un problème, on est sur le maximum de la répression qu'on peut avoir[4]. » Et d'ajouter, excédée : « Il est systématiquement sur des postes qui impliquent un haut

3. *Le Figaro*, 27 février 1988.

4. *Libération*, 22 décembre 2022.

potentiel de départ en détention, comme les comparutions immédiates. Là où il peut faire le plus de dégâts. »

D'aucuns s'étonneront qu'un procureur, censé défendre les intérêts de la société, puisse considérer qu'envoyer un récidiviste derrière les barreaux, constitue un « dégât ». Pour compléter la curée, voilà que refait surface l'ancien secrétaire général du Syndicat de la magistrature, Jean-Claude Bouvier, toujours en verve (voir supra page 120) : « C'est quelqu'un qui avait des pratiques particulières. Il donnait des peines très lourdes, mais c'était caractérisé par le fait qu'il prononçait des peines de six mois et un jour, parce qu'en dessous de six mois, s'il n'y a pas de mandat de dépôt, il est toujours possible de la convertir en travaux d'intérêt général, quand elle est transmise au juge de l'application des peines. Lui était contre, donc il l'empêchait[5]. » Des états d'âme peu surprenants de la part d'un juge de l'application des peines frustré de ne pouvoir défaire la peine de prison prononcée par le tribunal, comme il avait l'habitude de le faire à longueur de journée et cela… pour un malheureux petit jour supplémentaire ! La manière iconoclaste du juge Tony Skurtys de rendre la justice, aux antipodes des thuriféraires du Syndicat de la magistrature, ne laisse pas d'indisposer, jusqu'à sa propre hiérarchie, qui va jusqu'à brandir la menace d'une procédure disciplinaire. Mais que reproche-t-on au fond à ce magistrat, sinon d'appliquer la loi pénale dans toute sa rigueur à des récidivistes, trafiquants de drogue, agresseurs et voleurs ? Autre grief invoqué : sa fâcheuse tendance à se montrer,

5. *Valeurs Actuelles*, 2 février 2023.

en sa qualité de juge des libertés et de la détention, trop ferme à l'égard des étrangers en situation irrégulière, à faire trop systématiquement droit aux demandes de rétention administrative présentées par le préfet. Ce qui lui valut, de la part des avocats de clandestins, des centaines de requêtes en récusation dans le but d'obtenir son éviction de ce contentieux.

Parallèlement, une campagne de presse est orchestrée. Le quotidien *Libération* lui consacre un portrait au vitriol sous le titre : « Haro sur le juge Tony Skurtys, "marteau" de la justice[6] ». Ce dernier se voit acculé à déposer une plainte en diffamation pour violation du secret des délibérés et dénonciation calomnieuse : « Je suis visé nommément, mon honneur est mis en cause de façon mensongère, autant que ma façon de juger ou de traiter une audience[7] », lâche-t-il, droit dans ses bottes. Il s'explique : « Je n'adhère pas à une justice plus sévère envers les victimes qu'envers les prévenus. Le magistrat correctionnel juge deux choses : une personnalité qui est le prévenu, mais également des faits qui ont été commis. Ça s'arrête là, toute considération idéologique doit être bannie, au risque, sinon, d'exercer un mépris intolérable pour la victime. »

Le leitmotiv anti-sécuritaire reste, à toute époque, une obsession permanente pour le Syndicat de la magistrature. Dans leur revue *J'essaime* n° 22 de mars-juin 2012, ses membres déclarent entrer en résistance contre la politique pénale menée sous le quinquennat Sarkozy :

---

6. *Libération*, 22 décembre 2022.

7. *Valeurs Actuelles*, 2 février 2023.

« Afin de préserver ce droit de résistance [...], il appartient au juge d'être lui-même animé par un esprit de résistance et de libre indépendance d'esprit [...] où triomphent les discours et les pratiques d'une incroyable frénésie législative, d'une infernale machine à punir, du populisme pénal, du néo-libéralisme autoritaire ou d'un sécuritarisme dangereux, le juge doit avoir le courage de résister au risque constant de son instrumentalisation et de la déshumanisation de son métier ».

En 2013, éclate l'affaire dite du « Mur des cons », révélée par le site d'information Atlantico. Ceux qui avaient cru que les vieilles lunes d'Oswald Baudot appartenaient à un passé révolu en étaient à nouveau pour leurs frais.

Bref rappel. Le 23 avril 2013, dans les locaux du Syndicat de la magistrature, situé au sein même du ministère de la Justice, un journaliste de *France 3*, Clément Weill-Raynal, capte fortuitement, à l'aide de son smartphone, un trombinoscope accroché au mur sur lequel sont épinglés les visages de supposés adversaires de la justice et agrémentés de commentaires désobligeants. On y trouve des policiers, des politiques de droite, des magistrats du « mauvais bord », des journalistes, des philosophes, et comble de tout, deux pères de jeunes femmes victimes de viols et assassinats. Ces derniers, aux yeux des juges syndiqués, avaient eu l'outrecuidance de créer des associations de lutte contre les tueurs en série, pour que leur enfant ne soit pas mort pour rien. L'émotion est grande dans le pays.

Comment concevoir que des magistrats puissent s'en prendre aussi violemment à tous ceux qui ne partagent pas leur idéologie, jusqu'à piétiner la souffrance des familles de victimes ? Le nouveau secrétaire général du syndicat, Éric Bocciarelli, persiste et signe : « Il [le mur des cons] était là depuis des années, il a été, pour beaucoup alimenté sous l'ère Sarkozy. Sous sa présidence, nous avons été stigmatisés, injuriés publiquement, des décisions de justice ont été remises en cause, des magistrats mutés ou convoqués en pleine nuit… Nous étions sous pression, ct cc "mur" était un exutoire satirique confiné dans un espace privé. Cette droite que nous combattons a vu dans ces images volées le prétexte qu'elle attendait pour nous faire taire[8]. » On notera au passage que des juges indépendants ne se cachent pas de combattre un courant politique. Et ça ne semble émouvoir personne !

À l'occasion de la séance d'actualité à l'Assemblée nationale, j'interpellais la ministre de la Justice, Christiane Taubira, sur les initiatives qu'elle comptait prendre pour faire cesser le trouble occasionné par cette forfaiture judiciaire. Cette dernière bottait en touche en saisissant le Conseil supérieur de la magistrature… qui refusait de rendre un avis dans cette affaire, et, pour cause, c'est l'Inspection des services judiciaires qui aurait dû être saisie. Simple erreur d'aiguillage ou volonté d'étouffement ? Toujours est-il que le clan avait serré les rangs ! Les « épinglés » devaient se résoudre à déposer plainte avec constitution de partie civile pour que justice leur soit enfin rendue. Au cours du procès, j'étais appelé par les parties civiles à témoigner sur le contexte syndical exacerbé qui

---

8. *Le Parisien*, 14 mars 2014.

avait conduit à de telles dérives. Je relatais la lutte que nous avions menée sous l'égide de l'Association professionnelle des magistrats contre l'idéologie partisane. Au moment des questions, dans le but évident de discréditer ma parole, l'avocat de Françoise Martres, poursuivie en sa qualité de présidente du SM au moment de la découverte du « Mur des cons », fit sournoisement allusion au procès d'antisémitisme qui nous avait été intenté vingt ans en arrière (voir supra page 105). Toujours les mêmes procédés staliniens pour faire taire les vérités qui fâchent !

En 2021, soit huit ans plus tard, la présidente du SM est reconnue coupable du délit d'injure publique et se voit sanctionnée d'une peine symbolique de 500 € d'amende avec sursis. Entre-temps, en juin 2017, la ministre de la Justice, Nicole Belloubet, l'avait propulsée aux fonctions de première vice-présidente adjointe du tribunal judiciaire de Bordeaux… après avis favorable du Conseil de la magistrature, instance suprême qui s'était auparavant déclarée incompétente pour juger de sa faute disciplinaire !

Le cercle vertueux avait fonctionné à merveille.

« Le problème de la police, c'est la justice ! »

(Fabien Vanhemelryck, syndicat Alliance, 20 mai 2021)

« Ce gouvernement, je le caractérise d'un mot : la police partout, la justice nulle part. »

Victor Hugo, Choses vues, *1851*

Les passes d'armes entre les ministres de l'Intérieur et de la Justice sont un grand classique qui se joue régulièrement, depuis l'entrée en force du Syndicat de la magistrature, place Vendôme. Quelles que soient les majorités en place, les rapports entre les deux ministères régaliens ont été rythmés par de spectaculaires affrontements, conséquence logique du fossé qui s'est creusé sur le terrain entre juges et flics. Les locataires successifs de la place Beauvau s'égosillent vainement en rodomontades, pour au bout du compte s'incliner sous les coups de boutoir d'une justice plus sensible au sort des délinquants qu'à celui de leurs victimes. Tous les ministres de l'Intérieur quelque peu impétueux, de droite comme de gauche, ont été renvoyés dans leurs cordes par leurs collègues de la justice, soucieux de ne pas se mettre à dos des juges peu enclins à répondre aux souhaits de la police. Le scénario est toujours le même. Sous la pression de l'opinion exaspérée par une délinquance de plus en plus violente, la place Beauvau commence par afficher une politique de fermeté, en appelant les juges à prononcer des peines dissuasives. Peine perdue ! Dans les prétoires, on se montre plus disposé à la compréhension des délinquants et aux peines alternatives, qu'à l'emprisonnement. Finalement, le conflit est porté sur la place publique par les ministres eux-mêmes, jusqu'à menacer la cohésion gouvernementale.

Les premières algarades ministérielles ont débuté en 1982. D'un côté, le sémillant ministre de la Justice Robert Badinter, tout auréolé de l'abolition de la peine de mort. Face à lui, le locataire marseillais de la place Beauvau, Gaston Defferre, contraint de donner des gages à l'opinion après la commission d'un attentat à la bombe ayant causé la mort de cinq personnes dans le train Capitole. Le décor est planté pour plusieurs décennies : les libertés individuelles face à une politique taxée de sécuritaire. Lorsque Gaston Defferre demande le renforcement des contrôles d'identité, Badinter menace de démissionner. Le Premier ministre, Pierre Mauroy, est contraint de jouer les juges de paix en les convoquant à Matignon. Plus tard, Robert Badinter confiera au journal *Le Monde* (1er septembre 2013) à propos de son collègue du gouvernement : « Il avait balancé à un déjeuner qu'il allait demander le droit pour les policiers d'utiliser leur arme comme les gendarmes ! Ça aurait été le western ! » Les deux ministres auraient été traités d'incapables par un François Mitterrand très remonté par cette cacophonie gouvernementale.

En 1994, période de la deuxième cohabitation, la droite d'Édouard Balladur est de retour aux affaires. Charles Pasqua explose contre les juges qui sabotent sa loi sur l'immigration. Pierre Méhaignerie, son collègue à la Justice, lui intime de cesser de faire des juges les « boucs émissaires des difficultés rencontrées par les pouvoirs publics », lui rappelant au passage que « l'indépendance des juges est un des piliers de la démocratie[1] ».

En 1997, après la dissolution ratée de Jacques Chirac, s'ouvre la période de la troisième cohabitation. Matignon est occupé par Lionel Jospin. La lune de miel entre Élisabeth Guigou, plutôt acquise aux causes sociales de la délinquance, et Jean-Pierre Chevènement, incarnation de l'autorité républicaine, est de courte durée. Ce dernier réclame haut et fort une réforme de l'ordonnance de 1945 sur l'enfance délinquante : « Il faut mettre hors d'état de nuire les petits caïds, les sauvageons, pour démanteler les bandes organisées qui tiennent certains quartiers[2] ! », avait-il scandé, en se fendant d'une lettre au Premier ministre. L'utilisation du terme « sauvageon » fait mouche dans l'opinion, au grand dam d'Élisabeth Guigou : « Je ne suis pas pour le retour aux maisons de correction à l'ancienne[3] ! », prévint-elle.

En avril 2003, alors que la droite est revenue au pouvoir avec la réélection de Jacques Chirac, Nicolas Sarkozy, l'homme du « karcher », affirme son intention de

1. *Les Échos*, 25 avril 1994.

2. TF1, 1999. *L'Express*, 20 janvier 1999.

3. *Le Monde*, 24 janvier 1999.

renforcer la répression de l'usage de produits stupéfiants en réformant la loi de 1970. Dominique Perben le coupe net dans son élan : « Pour ce qui me concerne, ministre de la Justice en charge de ces questions, il n'a pas été décidé de modifier la loi de 1970 », asséna-t-il, en insistant sur « l'esprit de la loi, qui a fait ses preuves depuis plus de trente ans[4] ». Cette cacophonie faisait suite à une précédente opposition plus virulente encore sur la question des peines planchers applicables aux multirécidivistes, dont Nicolas Sarkozy était sorti vainqueur… mais après avoir dû revoir sa copie à la baisse.

En 2005, ce dernier, toujours aux commandes de son puissant ministère de l'Intérieur, tempête cette fois contre la remise en liberté d'un criminel qui avait récidivé en tuant une joggeuse. « Que va-t-il advenir du magistrat qui a osé remettre un monstre pareil en liberté[5] ? », demanda le futur locataire du Palais de l'Élysée devant un groupe d'officiers de la gendarmerie. Dans la foulée, il somme le nouveau garde des Sceaux, Pascal Clément, de faire en sorte que le juge « paye sa faute ». Réponse cinglante de ce dernier : « M. Sarkozy ferait bien de réviser son Code de procédure pénale. […] La loi, toute la loi a été respectée[6]. »

En 2010, le climat n'est guère plus serein entre le ministre de l'Intérieur, Brice Hortefeux, et la ministre de la Justice, Michèle Alliot-Marie. À la suite du meurtre

4. *Le Parisien*, 25 avril 2003.

5. Propos tenus le 22 juin 2005, *L'Express*, 26 juin 2005.

6. *Libération*, 24 juin 2005.

d'un couple de septuagénaires à leur domicile, l'homme de confiance de Nicolas Sarkozy annonce que les « sanctions pénales seront aggravées[7] » pour les auteurs d'agression contre les personnes âgées, sans même avoir pris la peine de prévenir sa collègue, Michèle Alliot-Marie. Cette dernière, très remontée, le retoque sèchement, en estimant vaine une énième législation et rappelant au passage que « les propositions en matière pénale sont faites soit par le ministre de la Justice, soit par les parlementaires ! » Un nouveau rappel à l'ordre lui est lancé la même année par Michel Mercier, le nouveau garde des Sceaux, agacé à son tour par ses critiques sur une condamnation prétendument « disproportionnée » de sept policiers, à de la prison ferme.

En 2012, sous le quinquennat de François Hollande, les vieux démons de la gauche, qu'on croyait révolus, refont tout à coup surface avec l'arrivée fracassante de Christiane Taubira à la Justice. Le 30 septembre 2013, ils connaissent leur paroxysme dans le conflit ouvert par Manuel Valls devant les forces de sécurité. L'ancien maire d'Évry déclare en visant sa collègue, sans la nommer : « La police et la gendarmerie n'agissent pas seules. L'efficacité de leur action s'inscrit dans une chaîne cohérente faite de prévention, de répression et qui doit donner à la sanction toute sa place et tout son sens… Nous ne pouvons pas retomber dans les errements du passé[8]… », prévient-il. Dans une lettre adressée le 25 juillet 2013 au président de la République,

7. *Le Parisien*, 4 février 2010.

8. Manuel VALLS, *Discours aux forces de sécurité*, 30 septembre 2013.

il n'hésite pas à tirer à boulets rouges sur l'élue de la Guyane : « J'attire votre attention sur les désaccords mis en lumière par le travail interministériel qui s'est engagé récemment autour du projet de réforme pénale présenté par le ministère de la Justice [...], la quasi-totalité des dispositions de ce texte a fait l'objet de discussions, voire d'oppositions du ministère de l'Intérieur[9]... » L'un des points d'achoppement concerne la question de la prison. Tandis que Manuel Valls considère « qu'on ne pouvait pas ignorer la question du parc immobilier pénitentiaire[10] » (autrement dit, la nécessité de construire des places de prison), Christiane Taubira s'empresse d'enterrer le projet de 20 000 places supplémentaires lancé sous le précédent quinquennat de Nicolas Sarkozy, au motif que l'emprisonnement est la « cause du mal ». L'égérie du mariage pour tous finit par tirer sa révérence en plein désaccord sur la déchéance de nationalité, un temps envisagée pour les auteurs d'actes de terrorisme. Les années passent et rien ne change.

En 2016, le successeur de Valls, Bernard Cazeneuve, après l'émotion provoquée par l'agression de policiers à Viry-Châtillon, reprend le terme chevènementiste de « sauvageons », au grand dam de Nicole Belloubet, ministre de la Justice.

En 2018, enfin, Gérard Collomb, le jour même de la passation de pouvoir à son successeur Christophe Castaner, surprend jusqu'à son propre camp en sa sombre

9. *Le Monde*, 13 août 2013.

10. *Libération*, 13 août 2013.

prophétie : « Aujourd'hui, on vit côte à côte, je crains que demain on puisse vivre face à face. »

Le 24 juillet 2020, en plein été orange mécanique, le ministre de l'Intérieur Gérald Darmanin, préoccupé par l'état de l'opinion et le moral de ses troupes, promet de « stopper l'ensauvagement d'une certaine partie de la société[11] ». Aussitôt, son collègue Éric Dupont-Moretti, garde des Sceaux, est pris de haut-le-cœur : « Je ne suis pas à l'aise avec ce terme, je ne l'aurais pas choisi[12] », avait-il lâché de sa voix de fumeur invétéré. Une réaction peu surprenante pour un héritier de la culture de l'excuse, dont le premier geste, à peine nommé place Vendôme, fut de prendre attache avec son mentor, Robert Badinter. L'ancien *acquitator* était peu enclin à admettre qu'une partie de notre jeunesse, principalement issue de l'immigration, s'était depuis longtemps affranchie de toute forme d'autorité, pour faire régner ses propres lois sur des *territoires perdus de la République*[13], qu'elle se contrefichait des avertissements sans frais que lui adressait généreusement la justice, tels que les stages citoyens ou de simples rappels à la loi.

Accepter cette dure réalité, ce serait battre en brèche la doctrine de la « Défense sociale nouvelle », qui préconise de lutter contre les injustices pour faire reculer la délinquance. Ce serait admettre que, malgré le déversement de sommes considérables dans les banlieues, une frange

11. *Le Figaro*, 20 juillet 2020.

12. BFMTV, 31 juillet 2020.

13. Emmanuel Brenner, *op. cit.*

de notre société aurait délibérément versé dans une criminalité de rupture, que ni la police, ni la justice, ni même la prison ne parviendraient plus à juguler. Ce serait tourner le dos à une vision rousseauiste de l'homme fondamentalement bon, qu'une société profondément injuste aurait corrompu. La sortie tonitruante de l'ancien sarkozyste, Gérald Darmanin, n'était, aux yeux de l'ancien ténor des cours d'assises, qu'un énième coup de menton pour flatter le populisme et la droite extrême. Pour la gauche judiciaire, la multiplication des guérillas urbaines, des guets-apens tendus aux policiers et pompiers, des attaques de commissariats au mortier, ne seraient ni plus ni moins qu'une succession de faits divers, ne justifiant en aucun cas d'agiter le spectre d'une prétendue société ensauvagée.

Il ne fallait donc rien changer au traitement sanitaire et social d'une délinquance somme toute ordinaire, ni remettre en cause l'octroi généreux des peines alternatives à la prison, ni s'inquiéter d'un fantasmagorique séparatisme né des vagues migratoires en provenance de pays à la culture radicalement différente.

Le « plan d'action » issu des états généraux de la justice, qu'Éric Dupont-Moretti présente le 5 janvier 2023, n'est en réalité qu'un plan d'immobilisme. Aucune mesure proposée ne tranche avec le passé, hormis la énième annonce, à peu de frais, de la construction de 15 000 places de prisons. Rien, en effet, sur le rétablissement des peines planchers pour les récidivistes, ni sur celui des courtes peines d'emprisonnement qui ont pourtant fait leurs preuves dans d'autres pays européens ; rien non plus sur une refonte de notre système d'aménagement des peines qui confine à leur inexécution ; rien, bien entendu, pour extirper de la justice le poison de l'idéologie. Quelques augmentations en personnels et moyens par-ci par-là, quelques simplifications de procédure civile et pénale, et le tour est joué. Au bout du compte, il y a fort à parier que rien ne changera dans les quartiers gangrenés par les trafics en tous genres et les règlements de compte à la kalachnikov, où des caïds féodaux font la loi dans leurs forteresses, au nez et à la barbe des forces de police. L'opinion ne s'y trompe pas : un sondage CSA du 12 janvier 2023[14] révèle que 87 % des Français considèrent la justice trop laxiste avec les récidivistes.

En réponse aux états d'âme d'Éric Dupont-Moretti, talentueux comédien de théâtre à ses heures, Gérald Darmanin persiste et signe : « En tant que ministre de l'Intérieur, aller à l'enterrement d'une gendarme de 25 ans qui se fait sciemment faucher manifestement ne me paraît pas un grand acte de civilisation. [...] Au-delà des mots qui peuvent choquer, et je comprends tout à fait la sensibilité des uns et des autres, et je respecte tout à fait cela, ce sont les situations qui sont choquantes[15] ».

Les policiers en sont depuis longtemps convaincus : l'ensauvagement de la société n'est pas une fatalité ; les responsables de cette désintégration sont d'abord à rechercher du côté de la place Vendôme d'où est impulsée une justice répressive aux abonnés absents.

14. https://www.cnews.fr/france/2023-01-12/sondage-pres-de-9-francais-sur-10-pensent-que-la-justice-est-trop-laxiste-avec-les

15. BFMTV, 1er septembre 2020.

Depuis plusieurs décennies, ils le crient haut et fort, sans jamais être entendus.

En 1983, deux ans après l'arrivée de la gauche au pouvoir, un millier de policiers s'étaient déjà rassemblés place Vendôme, devant le ministère de la Justice aux cris de « Badinter assassin », après que deux gardiens de la paix ont trouvé la mort au cours d'une interpellation. Ils en imputaient la responsabilité indirecte à la nouvelle politique pénale laxiste impulsée par l'ancien avocat. Et il en ira ainsi sous tous les gouvernements successifs jusqu'à nos jours.

Ainsi, la manifestation policière du 19 janvier 2000, à Nanterre cette fois. Un jeune délinquant avait été interpellé par la brigade anticriminalité après avoir violemment projeté un vélo sur un policier. Stupeur ! La justice l'avait relâché après n'avoir retenu à son encontre qu'une simple dégradation volontaire, au lieu de le poursuivre pour « violences volontaires avec arme sur agent de la force publique ». « Nous sommes excédés de voir de tels individus s'en tirer aussi facilement, avait fortement réagi le Syndicat général de la police nationale. L'indulgence de la justice provoque un profond malaise. Nous aimerions que la loi soit appliquée, tout simplement[16]. »

Le sentiment d'être des boucs émissaires livrés à la vindicte des voyous, au nom d'une pseudo-paix sociale, se répand dans tout le corps. À quoi bon prendre tous ces risques face à de jeunes malfaiteurs sûrs de leur quasi-impunité ? À peine relâchés, ils les retrouvent dans leurs

16. *Le Parisien*, 27 janvier 2000.

quartiers, encore plus arrogants et plus déterminés à en découdre. En avril 2000, un commissaire témoigne dans la revue du Syndicat des commissaires et hauts fonctionnaires de la police nationale : « Les menaces maintes fois réitérées de passer sous les fourches caudines de la justice produisent sur ce type de malfaiteurs le même effet que les gouttes d'eau sur le plumage d'un canard[17]. » Vingt ans plus tard, en septembre 2020, le même diagnostic est fait par le commissaire David Le Bars : « Le policier subit le sentiment d'impunité des multiréitérants ou récidivistes, doublé du sentiment de celles et ceux qui considèrent la police comme une bande rivale, car usant d'une violence dont la légitimité ne lui est pas reconnue[18]. »

Pour calmer l'exaspération policière, Emmanuel Macron se voit contraint de lancer en février 2021 un « Beauvau de la sécurité ». Les syndicats mettent une condition préalable à leur participation : la création d'un « Observatoire de la réponse pénale », histoire de demander à la justice de rendre des comptes. Ils appellent, en outre, au retour des peines planchers et à la suppression des réductions de peine automatiques pour ceux qui les agressent. Plus que les questions budgétaires ou statutaires, c'est bien le suivi pénal de leurs enquêtes qui mobilise les forces de police. La grogne ne retombe pas.

Le 20 mai 2021, plusieurs milliers d'entre eux se sont rassemblés devant l'Assemblée nationale avec le soutien insolite, à leurs côtés, du ministre de l'Intérieur Gérald

---

17. Revue du SCHFPN, n° 77.

18. Revue SCPN, n° 146.

Darmanin. On imagine aisément la couleuvre avalée par son collègue du gouvernement directement ciblé, Éric Dupont-Moretti, garde des Sceaux! Ils scandent à l'unisson: « Le problème de la police, c'est la justice! » Ulcérés que des délinquants à peine interpellés soient aussitôt relâchés, ils réclament une plus grande fermeté des tribunaux à l'égard des récidivistes. Réaction teintée d'hypocrisie d'Évelyne Sire-Marin, représentante du Syndicat de la magistrature, héritière d'une longue lignée d'adeptes de la culture de l'excuse: « Comme beaucoup de magistrats, je suis assez choquée, parce que nous travaillons tout à fait bien avec la police judiciaire, qui est notre interlocuteur[19]. » Tellement bien que, l'année suivante, le 2 mai 2022, un nouveau rassemblement est organisé place Saint-Michel à Paris, à une encablure du Palais de justice historique. La colère policière était montée d'un cran à la suite de la mise en examen d'un gardien de la paix pour homicide volontaire. Les policiers ne peuvent comprendre comment un juge a pu retenir la qualification la plus haute de meurtre contre l'un des leurs qui aurait ouvert le feu en état de légitime défense sur deux individus, après qu'ils lui ont foncé dessus au volant d'un véhicule pour échapper à un contrôle.

19. BFMTV, 20 mai 2020.

Chapitre 4

La capitulation des politiques

« Aucune puissance humaine, ni le Roi, ni le garde des Sceaux, ni le Premier ministre ne peuvent empiéter sur le pouvoir d'un juge d'instruction, rien ne l'arrête, rien ne lui commande. C'est un souverain soumis uniquement à sa conscience et à la loi… »

Honoré de Balzac, Splendeurs et misères des courtisanes, *1847*

Un juge en politique ?

> *« Il n'y a point encore de liberté si la puissance de juger n'est pas séparée de la puissance législative et de l'exécutrice. »*
>
> *Montesquieu,* De l'esprit des lois, *1748*

En juin 2002, je suis entré en politique par effraction, pourrais-je dire, ne disposant d'aucun parrainage politique, d'aucune aide financière, ni du fameux sésame qu'est l'investiture. Dès ma mise en disponibilité de la magistrature, condition indispensable pour prétendre à un mandat national, puisque je me présentais dans mon ancien ressort judiciaire, je me lançai dans l'aventure le cœur vaillant. Je ne me doutais pas encore du parcours de combattant qui m'attendrait. Côté politique, toutes les portes se refermaient sur mon passage. « Un juge en politique ? N'est-ce pas le risque du loup dans la bergerie ? », murmurait-on. Il m'arrivait de devoir jouer des épaules avec mes premiers fidèles, pour forcer l'entrée des meetings. J'étais, il faut bien le reconnaître, *persona non grata*. Le RPR, qui vivait ses dernières heures, avait même déjà investi un jeune secrétaire de circonscription, parti aussitôt en campagne. Michèle Alliot-Marie, secrétaire générale du mouvement, restait sourde à toutes mes demandes de rendez-vous. Face à un tel barrage, ma détermination ne s'en trouva que davantage renforcée.

Je choisis moi-même d'annoncer ma candidature dans la 11e circonscription du Rhône, et installai avec des moyens de fortune ma permanence dans la ville de Givors (Rhône), là où j'ai grandi, et où mes parents, depuis le rapatriement de Tunisie, exploitaient un modeste café-restaurant. Peu à peu, de simples citoyens, très réceptifs à mon programme de tolérance zéro contre la délinquance, s'agrégèrent autour de ma candidature. À trois mois seulement du premier tour des élections, l'horizon devait enfin se dégager. Après que le RPR a fusionné avec l'UDF pour former l'UMP, le secrétaire général de l'Élysée, Dominique de Villepin, avec lequel j'avais noué quelques liens d'amitié, intervint en ma faveur auprès de Jacques Chirac. Michèle Alliot-Marie ne pouvant plus que s'incliner, j'obtins l'investiture au détriment de mon malheureux rival, lequel, par dépit, s'emploiera par tous les moyens à me compliquer la tâche. Peine perdue !

Je fus élu à la stupéfaction générale, dans cette terre de mission détenue par la gauche. Le 10 juillet 2002, ayant troqué la robe pour l'écharpe tricolore, je regagnais pour la première fois, non sans une certaine émotion, mon banc tout en haut à droite de l'hémicycle. De l'autre côté, sur la gauche, j'apercevais Élisabeth Guigou, redevenue députée, dont je pouvais imaginer le peu d'enthousiasme de me voir siéger sur les mêmes bancs qu'elle, alors que, quelques années auparavant, elle m'avait voué aux gémonies. J'assistais, quelque peu intimidé, à cette première séance, sans m'imaginer que j'allais être d'emblée pointé du doigt depuis la tribune, par le député socialiste Arnaud Montebourg : « Prenons l'exemple de M. Georges Fenech, aujourd'hui l'un de nos collègues, député de la majorité, ancien juge, auteur d'un livre aussi prometteur que démagogique, *Tolérance zéro*[1]... » À l'évidence, personne, ni dans les prétoires ni dans l'hémicycle, ne pouvait concevoir qu'un magistrat ne soit pas adepte de la culture de l'excuse. Avec mes propres amis, je me retrouvais dans une situation plutôt inconfortable en raison... de mon passé judiciaire. Ce n'était pas sans amertume que j'entendais, dans les couloirs de l'Assemblée nationale, toutes sortes de médisances sur mes anciens collègues devenus bien encombrants. Certains se demandaient même quelles étaient les raisons profondes qui avaient conduit un juge d'instruction à passer de l'autre côté du miroir. Qu'allait-il donc faire au milieu de la canaille qu'il poursuivait dans une vie récente ? Les députés me donnaient à l'envi du « Monsieur le juge », comme pour mieux me faire sentir que j'avais appartenu au camp ennemi.

Un jour, croisant dans les couloirs de l'Assemblée nationale Édouard Balladur, redevenu simple député, l'ancien Premier ministre m'apostropha le regard pétillant : « Alors, d'après vous, qui est le plus puissant : le juge ou le politique ? » En guise de réponse, je lui rappelai le propos prêté à Napoléon Ier, selon lequel : « Le juge d'instruction est l'homme le plus puissant de France. » J'eus le sentiment d'avoir fait mouche auprès de celui qui avait

1. *Journal officiel*, Compte rendu intégral, première séance, 9 juillet 2002.

donné son nom à la jurisprudence Balladur, selon laquelle tout ministre mis en examen était tenu de démissionner !

De mon nouveau poste d'observation, j'ai pu maintes fois constater combien l'affrontement politico-judiciaire avait constitué un réel frein pour engager les réformes judiciaires que nous défendions dans l'opposition. Quand j'évoquais, au sein de mon groupe politique, la nécessité d'adopter une charte déontologique pour les juges, d'instituer une responsabilité professionnelle, de faire évoluer l'École nationale de la magistrature vers un Centre d'études judiciaires comme avant 1958, ou encore de supprimer le juge d'instruction à la française, mes amis passaient leur chemin avec politesse.

Durant toute la législature, le combat en Commission des lois et dans l'hémicycle fut rude. Malgré tous nos efforts, les violences faites aux personnes et la criminalité imputable aux étrangers n'avaient pu être jugulées. N'était-ce pas, entre autres, la conséquence de notre loi de 2008 qui empêchait l'expulsion des condamnés étrangers en raison de leur situation personnelle ou familiale ? Résultat de cette générosité : 10 ans plus tard, selon les chiffres du ministère de la Justice, 17 % de la délinquance était le fait d'étrangers et 25 % des détenus étaient de nationalité étrangère.

De même, pourquoi avions-nous élevé le seuil d'aménagement des peines à deux ans d'emprisonnement, au lieu d'un an auparavant, ce qui se traduisait pour des délinquants invétérés comme un signe d'impunité ? Le travail dans l'intérêt général ou le port d'un bracelet électronique n'ont jamais été dissuasifs pour cette catégorie de délinquants. Aujourd'hui encore, je m'entends recevoir le reproche de ne pas avoir agi suffisamment quand j'étais en capacité de le faire à l'Assemblée nationale. C'est mal connaître son fonctionnement, que d'imaginer qu'un simple député ait à lui seul un poids politique…

À peine chapitré, badgé et ceint d'une écharpe tricolore, je me résoudrais très vite à une réalité institutionnelle implacable : toute décision engageant l'avenir du pays procède de l'Élysée, par le biais de la maîtrise de l'ordre du jour et d'une majorité à sa main. L'initiative parlementaire n'est en effet qu'un leurre. Sans compter que le moindre écart d'un député provoque l'intervention du très redouté *whip*, terme emprunté aux Anglo-Saxons qui signifie le « fouet », et qu'on retrouve dans le rôle interprété par l'acteur américain Kevin Spacey, dans la série *House of Cards*. Cette sorte de vigie du gouvernement n'hésite pas, en effet, à user des moyens les plus dissuasifs pour faire réintégrer dans le troupeau les brebis égarées : privation d'accès aux ministères, blocage de projets dans la circonscription, suppression de subventions ministérielles, etc. En bon « chien de berger », le *whip* doit veiller à éliminer les questions ou amendements embarrassants pour le projet gouvernemental, *a fortiori* toute initiative audacieuse. Ajoutons que, lorsqu'un projet gouvernemental est soumis à l'examen de la commission, les amendements doivent être portés à la connaissance du ministère concerné et passés au crible des conseillers du ministre, du Premier ministre et du président de la République, avant de revenir discrètement sur le bureau du président de la commission, qui sait dorénavant à quoi s'en tenir. Bien entendu, cette manière de court-circuiter l'initiative parlementaire est non écrite, mais elle est redoutablement efficace.

Au cours de mes deux mandats, j'ai maintes fois subi ces déconvenues. Il m'arrivait quelquefois de m'entêter en redéposant mon amendement retoqué, en séance publique. Invariablement, l'avis défavorable du rapporteur, puis du ministre, l'emportait. Entre-temps, le député-*whip*, comme un félin silencieux, s'était déplacé dans les travées, pour rappeler le souhait élyséen. Un simple SMS peut donner le mot d'ordre et le tour est joué. L'Élysée a voté, pourrait-on dire ! Ainsi, alors même que le président de la République ne peut se présenter dans les enceintes parlementaires (séparation des pouvoirs oblige), ses souhaits n'en circulent pas moins sur les bancs des députés, par le biais de ses porte-parole officieux.

Il en va ainsi à toutes les époques, sous tous les régimes. Les débats dans l'hémicycle sont toujours guidés depuis la rue du Faubourg-Saint-Honoré.

L'arme dissuasive

« L'essentiel est sans cesse menacé par l'insignifiant. »
René Char

La classe politique était tétanisée par la crainte que leur inspirait le puissant gouvernement des juges. Cette réalité m'est apparue comme une évidence en 2002, au cours d'un déjeuner réunissant une dizaine de parlementaires de la majorité, sur l'invitation du président Chirac. Le thème à l'ordre du jour de ces agapes élyséennes, était la question très controversée de l'entrée de la Turquie dans l'Union européenne. Entre deux coups de fourchettes, nous nous montrions unanimement hostiles à cette éventualité, face à un président qui n'en démordait pas. « Et qu'en pense M. le juge? » me demanda Jacques Chirac, cherchant manifestement un soutien auprès d'un novice en politique. Avec l'audace du débutant, je saisis la balle au bond: « Puisque vous m'interpellez en ma qualité de juge, M. le Président, permettez-moi de vous faire part de quelques réflexions sur les dysfonctionnements de notre justice qu'a révélés encore récemment l'affaire d'Outreau… toutes ces vies brisées par l'inexpérience d'un juge, ce non-respect du débat contradictoire et des droits de la défense, ce système inquisitoire d'un autre temps, qui broie un individu et piétine la présomption d'innocence, et pendant ce temps une justice qui se montre incapable de lutter efficacement contre la montée de la délinquance dans notre pays… » Personne n'osa interrompre mon envolée lyrique… Je sentis tout à coup un froid parcourir la tablée. À cet instant, chacun avait présent à l'esprit la propre situation judiciaire du président. Que ce soit, en effet, à la tête du RPR, comme maire de Paris, puis président de la République, ce dernier était mis en cause dans une douzaine d'affaires avec près d'une vingtaine de juges d'instruction à ses trousses. Tous ont dû jeter l'éponge en raison de l'immunité présidentielle, à l'exception du téméraire juge Éric Halphen. En charge du dossier des HLM de la ville de Paris, le magistrat instructeur de Créteil avait osé le convoquer comme n'importe quel citoyen. Avec en-tête « Tribunal de grande instance de Créteil, cabinet du juge Halphen », le courrier avait été posté au dernier domicile connu : « Présidence de la République, rue du Faubourg-Saint-Honoré ». Le juge, sans ciller, lui proposait une date de rendez-vous, dans son bureau à Créteil, pour l'entendre comme témoin. Même si le président de la République ne s'était pas exécuté, cette convocation frappée d'inconstitutionnalité, signifiait une nouvelle étape franchie dans la guerre que se menaient juges et politiques.

Sans doute encouragés par ce fait d'armes, le 2 mai 2007, deux autres juges d'instruction vont monter la barre d'un cran en tentant, cette fois, de perquisitionner le Palais de l'Élysée ! Instruisant sur les circonstances suspectes de la mort du juge Borrel en 1995 à Djibouti, les juges Fabienne Pons et Michèle Ganascia avaient requis le gouverneur militaire de Paris pour les assister dans cet acte de justice sans précédent. Leur objectif était de rechercher auprès de la cellule africaine de l'Élysée si des pressions n'avaient pas été exercées dans ce dossier sensible qui menaçait les rapports entre la France et Djibouti. Las ! Nos deux impétueuses magistrates furent aussitôt refoulées par les gendarmes de la sécurité élyséenne, en vertu de l'article 67 de la Constitution garantissant l'immunité présidentielle. Rentrées bredouilles, elles durent se consoler du soutien de leurs collègues. « Le refus de prêter son concours à ces actes de justice est une décision politique[1] », contestait Hélène Franco, secrétaire générale du Syndicat de la magistrature.

Rappelons encore que c'est sous l'ère Chirac que son ministre de l'Intérieur et futur successeur, Nicolas Sarkozy, va connaître ses premiers déboires judiciaires avec l'affaire Clearstream. Cette banque luxembourgeoise était censée abriter le *listing* des comptes sur lesquels auraient été versées les gigantesques commissions d'un marché d'armes passé entre la France et Taiwan. L'affaire le mettra aux prises avec le juge d'instruction Renaud Van Ruymbeke, avec, en arrière-plan, la guerre que se livrèrent les deux prétendants à l'héritage du chiraquisme, Dominique de Villepin et Nicolas Sarkozy.

Cette affaire de *listings* truqués et de manipulation au plus haut sommet de l'État avait provoqué la colère froide de Nicolas Sarkozy contre le juge Renaud Van Ruymbeke, qu'il soupçonnait de vouloir lui nuire en se laissant

1. *L'Obs*, 2 mai 2007.

instrumentaliser. Une fois blanchi, il obtiendra que des poursuites disciplinaires soient engagées contre le juge emblématique des affaires financières, dont la carrière restera, de fait, bloquée pendant cinq ans. Chacun des convives n'ignorait rien de ces événements au moment où j'amenais sur la table, et contre toute attente, la question de la justice.

Après un lourd silence, le président reprit la parole. La mâchoire serrée, mais sur un ton bienveillant, il évacua rapidement le sujet : « J'ai très… très bien… entendu vos inquiétudes… mais voyez-vous, en tant que président du Conseil supérieur de la magistrature, je ne peux faire aucun commentaire. » Fermez le ban ! La Turquie revint aussitôt au centre de nos échanges, au grand soulagement de tous.

Je réalisai, à cet instant, que la crainte inavouée des juges empêcherait toute réforme judiciaire d'envergure, dès lors qu'elle irait à l'encontre de l'idéologie dominante. Dans ce contexte tendu, quel homme politique aurait pris le risque de se mettre à dos une magistrature prête à sortir ses griffes ? Quand, par extraordinaire, une loi inique aux yeux des juges, venait tout de même à être adoptée, les syndicats se mobilisaient aussitôt pour lancer des mots d'ordre, afin de ne pas l'appliquer dans les juridictions.

Ce fut ainsi le cas à l'occasion des lois sur l'immigration, qui restreignaient les pouvoirs de contrôle de la justice. « Les juges ne doivent pas sanctionner l'action de l'administration[2] », avait lancé Charles Pasqua, téméraire. Il s'en mordra les doigts quelques années plus tard, au moment

2. *Le Monde*, 20 avril 1994.

de payer l'addition devant des juges d'instruction vindicatifs. Nul doute que les déboires judiciaires de Charles Pasqua ont dû jouer comme un effet dissuasif sur d'autres membres du gouvernement, peu enclins à se mettre les juges à dos.

Depuis Mitterrand jusqu'à Macron, les rapports entre le pouvoir et la justice ont toujours été difficiles, quelquefois hostiles, voire franchement belliqueux comme du temps de Nicolas Sarkozy. Pendant la campagne présidentielle de 2012, le Syndicat de la magistrature avait publiquement appelé à le faire battre dans une lettre ouverte, adressée le 2 mai 2012 à « Monsieur le candidat » : « Nous avons décidé en conscience, d'appeler à voter contre vous au second tour de l'élection présidentielle. Ce n'est pas anodin, nous en sommes parfaitement conscients [...] Cela fait dix ans que nous dénonçons la particulière nocivité de votre politique pour la justice et les libertés dans ce pays, nous n'avons pas l'habitude d'avancer masqués, nous avions déjà appelé à voter contre vous en 2007 et nous avons encore davantage de raisons de le faire en 2012, votre bilan s'étant considérablement alourdi[3] », concluait-il. Après sa défaite, le SM ne boudera pas sa satisfaction : « Ne dissimulons pas notre soulagement. Celui qui n'a eu de cesse, pendant dix ans, de ruiner le service public de la justice au détriment de ses usagers [...] mais aussi de maltraiter les libertés publiques et les principes mêmes de l'État de droit pour satisfaire son fantasme sécuritaire, a été mis

3. *Le Figaro* et *l'Humanité*, 2 mai 2012.

hors jeu le 6 mai dernier [...] Alors adieu et bon vent[4] ! » Aucune autorité n'est jamais venue rappeler ces magistrats au respect de l'article 2 du statut de la magistrature : « Toute manifestation d'hostilité au principe et à la forme du gouvernement de la République est interdite aux magistrats, de même que toute démonstration de nature politique incompatible avec la réserve que leur imposent leurs fonctions. » Ce billet séditieux révélait ouvertement le degré d'animosité qui s'était emparé de la magistrature à l'égard de Nicolas Sarkozy.

2012, le temps de la défaite et des frustrations ! Qu'avions-nous fait de ces dix ans ininterrompus d'exercice du pouvoir, dans les domaines de la sécurité, la justice, la lutte contre l'immigration clandestine, le rétablissement de l'autorité ? De fait, nous n'étions-nous pas autocensurés en matière de politique pénale, hormis quelques lois ici où là ? Pas d'abrogation de l'obsolète ordonnance de 1945 sur la délinquance des mineurs, ni de construction des vingt mille places de prison manquantes. L'ENM était restée perméable aux influences idéologiques et la responsabilité des juges, un vœu pieux. En définitive, nous nous étions couchés devant une poignée de révolutionnaires de pacotille, sans autre légitimité que celle de la réussite à un concours administratif et une adhésion à un syndicat ouvertement partisan. Pourquoi avions-nous été tétanisés face à un corps composé de seulement huit mille membres ? Aurait-on craint qu'ils manifestent dans la rue pour s'opposer à toute réforme de fond, qu'ils bloquent les transports ou les dépôts de

---

4. *J'essaime*, juin 2012.

raffinerie, qu'ils paralysent le pays ? Non. La crainte était ailleurs. Nous redoutions d'être soupçonnés de vouloir amoindrir le pouvoir des juges, pour mieux se protéger de nos prétendues turpitudes.

Le président Sarkozy en fit l'amère expérience après son discours prononcé, le 7 janvier 2009, à l'occasion de la rentrée solennelle de la Cour de cassation : « Il est temps que le juge d'instruction cède la place à un juge DE l'instruction qui contrôlera le déroulement des enquêtes mais ne les dirigera plus », proposait-il, pour s'aligner sur le modèle adopté par l'ensemble de nos partenaires européens. Les syndicats de magistrats organisèrent aussitôt des manifestations devant le Palais de justice de Paris en brandissant des pancartes sur lesquelles on pouvait lire : « procureur = justice dépendante du politique = justice à deux vitesses ». Le secrétaire général de l'Union syndicale des magistrats dénonçait « une étape majeure dans la reprise en main du pouvoir judiciaire[5] ». Dans les médias, c'était complètement l'hallali. Ainsi, *Libération* ne se privait pas de soupçonner Nicolas Sarkozy de basses intentions : « Ces juges-enquêteurs, indépendants du pouvoir politique, capables aujourd'hui de le placer sur écoute, ont de tout temps été l'obsession de Sarkozy. Pour lequel un bon magistrat est un magistrat qui obéit[6]. » La messe était dite, aucun autre dirigeant politique ne s'aventurera plus jamais sur ce terrain miné. Parmi les contestataires de l'époque, figure la future présidente de la cour d'Appel de Paris, celle-là même qui va infliger, le 17 mai 2023 à Nicolas

5. *Le Monde*, 7 janvier 2009.

6. *Libération*, 7 mars 2014.

Sarkozy, poursuivi dans l'affaire dite « Bismuth », une peine de trois ans d'emprisonnement dont deux avec sursis et une année sous bracelet électronique.

En 2009, en effet, Sophie Clément occupe les fonctions de juge d'instruction au pôle financier de Paris. Dans une interview accordée au journal *Le Monde* le 14 janvier 2009, elle accuse le Chef de l'État de vouloir « museler les juges ». « Avec le système préconisé, par Nicolas Sarkozy, estime-t-elle, l'affaire du sang contaminé n'aurait pas existé, l'affaire ELF non plus. » Très remontée, la magistrate prévient : « Si la réforme voit le jour, je changerai de poste, pour en choisir un où je peux encore me lever et applaudir quand on parle d'indépendance de la justice ». Cette sortie médiatique ne relève en réalité que du procès d'intention.

Tous les pays membres de l'Union européenne, à l'exception de la Belgique, ont, en effet, abandonné le système inquisitoire en le remplaçant par un système accusatoire à l'anglo-saxonne, afin de mieux respecter l'équilibre des armes entre l'accusation et la défense. Dans la quasi-totalité des grandes démocraties, le juge d'instruction a été remplacé par un juge de l'instruction, qui ne fait plus directement l'enquête mais la supervise. Dans ces pays, la lutte contre la corruption n'a pas pour autant faibli. On rappellera, à cet égard, que Robert Badinter avait lui-même, en son temps, ironisé sur ce juge à la fois « Maigret et Salomon », c'est-à-dire chargé d'une mission surhumaine qui consiste à la fois à enquêter et rendre des décisions juridictionnelles qui touchent aux libertés individuelles. En 1990, sous la gauche, la Commission « Justice pénale et droits de l'Homme », présidée par la

Professeure Mireille Delmas-Marty, avait à son tour préconisé l'abandon du juge d'instruction à la française, en concluant que « le juge d'instruction en la forme actuelle ne peut être l'arbitre. Comment lui demander de prendre des mesures coercitives, des mesures touchant à l'intimité de la vie privée, alors qu'il est avant tout guidé par les nécessités de son enquête. Il est donc temps que le juge d'instruction cède la place à un juge de l'instruction qui contrôlera le déroulement des enquêtes mais ne les dirigera plus[7] ». Car, au fond, cette fonction n'est qu'une survivance du lieutenant-criminel créé par François Ier et transformé en juge d'instruction par Napoléon en 1810, une sorte d'anachronisme de l'Inquisition inventée en 1231 par le pape Grégoire IX. Voilà la réalité sur une accusation lancée à l'encontre de Nicolas Sarkozy, et qui relève du pur procès stalinien.

Lors de l'un de nos entretiens à bâtons rompus, j'évoquais avec l'ancien président toutes ces questions qui me hantaient. Je lui faisais part de toute ma frustration de n'être pas allé au bout des réformes judiciaires. « Nous n'avons pas eu le temps de tout faire… » lâcha-t-il, la jambe agitée d'un tremblement nerveux, en me tendant sa légendaire boîte de chocolats. Après son départ de l'Élysée et la perte de la protection de l'immunité présidentielle, une véritable armada de juges d'instruction allait enfin pouvoir le convoquer comme un justiciable ordinaire, qu'il était redevenu. L'heure était à devoir rendre des comptes sur sa tolérance zéro, ses coups de gueule sur la responsabilité

---

7. *Le Monde*, 7 novembre 1989.

des juges, ses réformes sur les peines planchers pour les récidivistes ou la rétention de sûreté pour les criminels dangereux, sa volonté de nettoyer au *karcher* les quartiers criminogènes, son intention de supprimer les juges d'instruction ou encore sa comparaison maladroite des magistrats de la Cour de cassation à des « petits pois ».

Rien ne lui sera épargné dans ce long chemin de croix judiciaire : écoutes téléphoniques, mises en examen, gardes à vue humiliantes… J'avais été particulièrement touché par quelques confidences que l'ancien président m'avait faites à l'été 2013, à l'occasion d'un dîner privé dans sa résidence familiale du Cap Nègre. Il me raconta, la gorge nouée, comment, à l'Hôtel de Police de Nanterre, à l'issue d'une garde à vue particulièrement éprouvante, on l'avait contraint, malgré ses réticences, à emprunter un ascenseur entouré de policiers manifestement en trop grand nombre. Comme il l'avait redouté, l'ascenseur s'immobilisa en raison de la surcharge. L'attente suffocante d'une bonne dizaine de minutes l'obligea à lui-même alerter, depuis son portable, le colonel des pompiers, lequel se précipitera pour le délivrer…

Très remonté sur le sort taillé sur mesure qui lui était réservé, Nicolas Sarkozy, tout fraîchement mis en examen pour corruption dans l'affaire Bismuth, contre-attaquait sur TF1, le 2 juillet 2014 : « Il y a une instrumentalisation de la justice, les choses sont claires. » L'ex-président dénonçait un acharnement judiciaire et politique, mettant directement en cause l'impartialité de l'une des magistrates en charge de l'affaire, Claire Thépaut : « Est-il normal […] qu'on choisisse, pour une affaire où mon nom est cité, un magistrat qui appartient au Syndicat de la magistrature ? »

Et d'ajouter, amer: « Un magistrat dont l'obsession politique est de détruire la personne contre laquelle il doit instruire à charge et à décharge. » Françoise Martres, la présidente du SM, celle qui sera condamnée plus tard dans l'affaire du « Mur des cons » (voir supra page 130), lui répliquait vertement sur Europe1, le 3 juillet 2014: « Nicolas Sarkozy nous sert toujours la même histoire: dès qu'il est mis en cause dans une affaire, il s'en prend à l'impartialité de la justice. » L'intéressé ne se doutait pas encore, à ce moment, qu'il trônait en bonne place sur le « Mur des cons », et qu'il se retrouverait jugé par son ancienne accusatrice, Sophie Clément. À son propos, il s'interroge, amer: « N'aurait-elle pas dû se déporter, plutôt que de juger un homme qu'elle avait publiquement mis en cause de manière aussi véhémente[8] ? » De fait, le malaise sur l'impartialité de la justice avait été si palpable que, de manière inédite, le 8 décembre 2020, le procureur national financier en personne, Jean-François Bohnert, se lance dans une surprenante déclaration devant les prévenus et leurs avocats: « Un procès n'est jamais un acte de vengeance ni public ni privé [...]. Ce procès [...] n'est pas davantage une vengeance institutionnelle, ni celle de la magistrature, ni celle, et encore moins, du parquet national financier. Personne, ici, ne cherche à se venger d'un ancien président de la République. »

En définitive, l'adresse du procureur de la République à l'ancien Chef de l'État a produit l'effet inverse de celui recherché. Au lieu de rassurer sur la neutralité de la justice, elle a fait craindre le pire. C'était comme si l'écho des

8. *Le Figaro*, 19 mai 2023.

paroles du procureur avait malicieusement emporté toutes les dénégations contenues dans son propos pour ne retenir que ce seul mot, répété à l'infini dans la salle d'audience : vengeance… vengeance… vengeance… !

Je continuai à rendre visite à l'ancien président dans ses nouveaux bureaux parisiens. J'étais, à chaque fois, impressionné par sa combativité et son envie d'en découdre avec une magistrature qui le « traitait moins bien qu'un citoyen ordinaire », selon ses termes. Je fus de nouveau à ses côtés au moment des primaires de 2016, en tant que porte-parole sur les questions de justice. J'ai eu l'occasion de mesurer les difficultés liées aux affaires qui empoisonnaient sa campagne et qui, hélas, venaient quelquefois de notre propre camp.

Le 28 août 2016, alors que nous étions en pleine primaire de la droite pour choisir notre candidat aux prochaines élections présidentielles, François Fillon, depuis son fief de Sablé-sur-Sarthe, se montrait peu reconnaissant envers celui qui l'avait maintenu dans les fonctions de Premier ministre pendant toute la durée de son quinquennat : « Qui imagine un seul instant le général de Gaulle mis en examen ? […] Ceux qui ne respectent pas les lois de la République ne devraient pas pouvoir se présenter devant les électeurs[9] ! » Las ! Cette promesse de probité, suite aux révélations de l'affaire Pénélope, devait se retourner comme un effet boomerang contre son auteur qui fut éliminé dès le premier tour de la course à l'élection présidentielle de 2017.

---

9. *Le Figaro*, 28 août 2016.

Guerre ouverte

« Pour qu'on ne puisse abuser du pouvoir, il faut que par la disposition des choses le pouvoir arrête le pouvoir. »

Montesquieu, De l'esprit des Lois, *1748*

La défiance juges-politiques n'était pas nouvelle. En 1958, le général de Gaulle avait constitutionnellement relégué la justice au rang de simple « Autorité », au motif que le pouvoir ne pouvait procéder que du seul suffrage universel. Lors d'une conférence de presse télévisée du 31 janvier 1964, le chef de l'État délivra clairement sa vision de l'exercice du pouvoir : « Il doit être évidemment entendu que l'autorité indivisible de l'État est confiée au président par le peuple qui l'a élu, qu'il n'en existe aucune autre, ni ministérielle, ni civile, ni militaire, ni judiciaire, qui ne soit conférée et maintenue par lui[1]. »

L'homme du 18 juin ne pouvait imaginer qu'un jour, en pointant leur glaive contre les dirigeants politiques, les juges s'élèveraient *ex nihilo* au rang de pouvoir quasi

1. Conférence de presse du 31 janvier 1964. https://fresques.ina.fr/de-gaulle/fiche-media/Gaulle00382/conference-de-presse-du-31-janvier-1964.html

intouchable. Il ne pouvait prévoir qu'avec l'élection d'un successeur socialiste, le Syndicat de la magistrature investirait tous les lieux de pouvoir, sans que plus rien ni personne puisse stopper sa marche conquérante.

S'en mordant les doigts, le 5 octobre 1994, en plein conseil des ministres, François Mitterrand, qui avait imprudemment déroulé le tapis rouge au Syndicat de la magistrature, invita le gouvernement de cohabitation « à ne pas se couvrir la tête de cendres dans le combat qui s'est engagé entre la magistrature et les élus ». Par cette sortie inédite, le chef de l'État signifiait que le clivage politique s'effaçait face à ce nouvel ennemi commun, le juge, dont les salves n'épargneraient aucun d'entre eux. François Mitterrand, à cet instant, avait sans doute en tête le suicide de son ancien Premier ministre Pierre Bérégovoy.

Très atteint par la révélation d'un prêt litigieux d'un million de francs ayant servi à l'acquisition de son appartement parisien, faits à l'origine d'une déroute du PS aux élections législatives de 1993, ce dernier s'est suicidé sur les berges d'un canal de Nevers, provoquant une vive rédaction du président : « Toutes les explications du monde ne justifieront pas qu'on ait pu livrer aux chiens l'honneur d'un homme, et finalement sa vie, au prix d'un double manquement de ses accusateurs aux lois fondamentales de notre République, celles qui protègent la dignité et la liberté de chacun d'entre nous[2]. » Mitterrand confia plus

2. Allocution de M. François Mitterrand, président de la République, sur la vie et l'œuvre de M. Pierre Bérégovoy, Nevers, le 4 mai 1993.

tard que son propos était strictement ciblé : « Je visais certains juges et certains journalistes[3]... »

L'ère Mitterrand trouva son épilogue devant le tribunal correctionnel de Saint-Brieuc avec « le procès des caisses noires de la gauche ». Henri Emmanuelli comparaîtra seul face aux juges, pendant que le président de la République, malade, glissait sur les eaux du Nil, au crépuscule de sa vie. Quelques semaines plus tard, François Mitterrand mourut du cancer qui le rongeait depuis 1981. Henri Emmanuelli fut condamné dans le premier volet de l'affaire Urba. Il refusa la grâce que le président de la République Jacques Chirac était prêt à lui accorder. L'affaire Urba avait marqué un véritable tournant dans les relations entre la justice et le pouvoir.

Pour rappel. Urba était le nom d'un bureau d'études chargé de récolter des fonds pour le PS en rackettant les entreprises, en échange de l'obtention de marchés publics. L'affaire a éclaté à la fin du premier mandat de François Mitterrand. Pour les besoins de l'enquête, un jeune juge d'instruction, Thierry Jean-Pierre, tente une perquisition au siège du bureau d'études. Il en est immédiatement empêché sur ordre du ministre de la Justice, Henri Nallet, qui donne des instructions pour que le juge soit dessaisi de l'enquête. La tentative de perquisition du juge va déclencher un tollé politique au sein de la majorité socialiste. Puis, tandis que le ministre délégué auprès du garde des Sceaux, Georges Kiejman, ne se prive pas de dénoncer

3. INA, 4 mai 1994.

publiquement un « cambriolage judiciaire », l'enquête est retirée au juge Jean-Pierre, devenu néanmoins un héros aux yeux de l'opinion, pour avoir, à ses dépens, osé se dresser contre le pouvoir en place. Le conseiller de la cour d'appel de Rennes, Renaud Van Ruymbeke, chargé à son tour de l'enquête, loin de temporiser, reprend le flambeau avec panache. Il perquisitionne le siège du parti socialiste, rue de Solférino, en plein cœur de Paris, le jour même de la passation de pouvoir entre Pierre Mauroy et Laurent Fabius. Une première !

Ce coup de tonnerre est suivi de l'inculpation d'Henri Emmanuelli, alors président de l'Assemblée nationale, en sa qualité de trésorier du PS au moment des faits. L'inculpation du quatrième personnage de l'État va déclencher des réactions politiques d'une rare violence. Au congrès du PS, qui se tient à Bordeaux, on cloue le juge au pilori : « Il n'y a pas d'affaire Emmanuelli, mais il pourrait y avoir demain, s'il continuait à employer des procédés médiatiques et à être plus antisocialiste qu'anticorrupteur, une affaire Van Ruymbeke[4] ! » Les plus hauts responsables socialistes dénoncent une « justice politique ». Roland Dumas stigmatise une « justice sortie de son lit et un climat de pré-fascisme ». Les méthodes du juge Van Ruymbeke sont comparées à celles qui avaient cours pendant la période de Vichy. En bouquet final, le 14 juillet 1993, depuis la « Garden party » de l'Élysée, François Mitterrand, sans se soucier de la séparation des pouvoirs, n'hésite pas à apporter tout son soutien à Henri Emmanuelli. Les juges

4. *Le Monde*, 11 juillet 1992.

encaissent. Le président propose même que « dans la prochaine session parlementaire l'inculpation change de nom ». De fait, elle est remplacée en 1994 par la mise en examen. Cette réforme purement sémantique ne changera d'ailleurs rien à l'affaire.

Très remonté contre ces velléités justicières, le pouvoir prend des mesures vexatoires à l'égard des magistrats. Ainsi, sous la chancellerie du ministre Pierre Arpaillange, un décret les relègue dans le rang protocolaire, les faisant ainsi passer en 22e position derrière moult képis, galons et autres hochets de la République. Lors d'une cérémonie officielle, le procureur Éric de Montgolfier (tombeur de Bernard Tapie dans l'affaire OM/VA) ironisa discrètement : « Surtout ne changeons rien au nouveau protocole. De là où je me trouve loin derrière, je peux au moins tous les surveiller[5]. »

À cette même époque, chaque année, le budget alloué à la Justice restait désespérément le parent pauvre de l'État. Les tribunaux, en totale déshérence, manquaient cruellement de moyens et d'effectifs. Le traitement des magistrats, peu attractif, détournait les meilleurs étudiants en droit de cette carrière. Ces mauvaises manières faites à la justice ne faisaient qu'exacerber les rapports déjà tumultueux entre les pouvoirs exécutif et judiciaire.

L'histoire récente du fonctionnement de notre démocratie s'est écrite à l'aune de cette velléité des juges de s'émanciper de la tutelle politique. Ils y parviendront par étapes successives. D'abord, sous Édouard Balladur, toute

5. Propos tenus à l'auteur.

instruction adressée aux procureurs dans des affaires individuelles va dorénavant être versée au dossier pour proscrire les interventions clandestines. Sous Jacques Chirac, plus aucune instruction de classement sans suite ne peut être adressée par le garde des Sceaux, afin d'éviter des protections partisanes. Sous Nicolas Sarkozy, le chef de l'État cède sa présidence du Conseil supérieur de la magistrature aux chefs de la Cour de cassation. Enfin, sous François Hollande, toute instruction de poursuite adressée aux procureurs est définitivement bannie.

Ces conquêtes ont été rendues possibles par la montée en puissance de l'infanterie des juges d'instruction, prête à toutes les audaces. Une fois affirmé leur pouvoir par la crainte qu'ils inspiraient à la classe dirigeante, les juges se sont senti pousser des ailes pour imposer leur propre vision de la société et définir eux-mêmes leurs lignes directrices. C'est dans ce contexte qu'ils allaient pouvoir donner corps au sermon d'Oswald Baudot (voir supra page 107). Désormais, la priorité dans les prétoires ne serait plus à la lutte contre la criminalité du quotidien, mais à la lutte, ô combien plus noble, contre la corruption publique et la délinquance financière. La véritable insécurité, professait-on désormais dans les cours et tribunaux et jusqu'aux dorures de la place Vendôme, relève avant tout de la délinquance en col blanc. L'opinion avait applaudi, les médias avaient soutenu, les juges avaient vaincu. Les politiques savaient désormais à quoi s'en tenir : les foudres judiciaires leur seront réservées, tandis qu'on délaisserait les délinquants qui empoisonnent la vie des Français. La crainte des dirigeants était d'autant plus grande qu'ils subissaient les effets dévastateurs d'une exploitation médiatique d'une affaire en cours. Notamment depuis que juges, procureurs, avocats et journalistes s'étaient allègrement affranchis du secret de l'instruction, en nouant des relations clandestines. Quand le quatrième pouvoir fait cause commune avec la justice, personne ne peut lui résister. Dès les années 1980-1990, les premières victimes en feront l'amère l'expérience en défilant au pôle économique et financier de la rue des Italiens, devenu le lieu le plus redouté de tout le gotha politico-économique.

De nombreux grands patrons feront partie des premières charrettes, à l'instar de Pierre Suard d'Alcatel, ou Loïc Le Floch-Prigent, ancien P.-D. G d'Elf-Aquitaine. Il en fut de même pour nombre de politiques à la carrière brutalement interrompue. Dès leur mise en examen, sans s'embarrasser du secret de l'instruction, on orchestre savamment la fuite médiatique jusqu'à entraîner la démission forcée. Si une plainte est déposée pour recel de violation du secret de l'instruction, côté médias, la réaction est épidermique. « Invoquer le secret de l'instruction revient à réserver l'accès aux informations aux seules personnalités du pouvoir concerné[6] », s'offusquait le directeur du journal *Le Monde*, Jean-Marie Colombani. « Le métier de journaliste consiste à traquer les vérités que l'on veut cacher. [...] Aussi s'est-on affranchi, dans le métier, du secret de l'instruction[7] », assumait Franz-Olivier Giesbert, directeur du *Point*. « La presse viole effectivement systématiquement le secret de l'instruction, car le travail du

6. Tribune aux lecteurs, 13 mai 2006.

7. Colloque de l'association Presse-Liberté, 29 novembre 2001.

journaliste consiste à chercher l'information et à la publier autant que possible[8] », avouait, décomplexé, Laurent Joffrin, directeur de la rédaction du *Nouvel Observateur*.

En vérité, en violant ouvertement le secret d'instruction et en piétinant au passage la présomption d'innocence, chacun y trouve son compte. Le directeur du journal voit son chiffre de vente augmenter, en se flattant en outre du beau rôle auto-proclamé de « secouriste des juges », selon la formule d'Edwy Plenel. Le lecteur, de son côté, se délecte d'avoir accès aux procès-verbaux directement extraits du dossier. Seul dindon de cette farce médiatico-judiciaire, le mis examen, qui tente de résister à la tempête médiatique, avant de jeter l'éponge. Si, plusieurs années plus tard, son innocence est reconnue, le mal aura été fait. Le patron ou l'élu incriminé préférera s'éclipser sans réclamer réparation de son préjudice. Mieux vaut, en effet, se faire oublier pour éviter d'en reprendre une couche, pensera-t-il, de guerre lasse.

Face aux nouvelles priorités, on se contentera de quelques lignes sur les crimes les plus sordides, sur les attaques au mortier de commissariats, sur les émeutes de banlieue, relégués à la rubrique moins glorieuse des faits divers. Rarement, on approfondira les causes réelles d'un fléau de société qui menace réellement la cohésion nationale. Jamais on ne consacrera la une à l'inefficacité de la réponse pénale. On préférera laisser aux populistes le soin de dénoncer un fantasmagorique ensauvagement de la société, tandis qu'on réservera les bonnes feuilles aux

---

8. Colloque de l'association Presse-Liberté, 15 avril 1999.

errements du couple Balkany ou aux démêlés judiciaires de l'ancien président Nicolas Sarkozy, les seuls qui vaillent qu'on en fasse des tartines !

J'ai moi-même, je l'avoue, cru en cette priorité sélective de l'action pénale. En 1986, à la suite de la découverte incidente par la PJ lyonnaise d'un système de fausse facturation ayant bénéficié à la Fédération socialiste du Rhône, j'avais mis toute mon énergie à ouvrir la boîte de Pandore en m'appuyant secrètement sur le soutien d'un journaliste du *Monde*. Le tollé soulevé par la révélation d'un financement occulte d'un parti politique avait entraîné mon dessaisissement sous des prétextes fallacieux, en attendant que la première loi d'auto-amnistie des délits liés au financement des partis soit adoptée, le 20 juillet 1988. Chose inimaginable aujourd'hui !

Dans ces années tumultueuses, je partageais les mêmes couloirs lyonnais de l'instruction avec mon collègue Philippe Courroye, tout auréolé de ses prises de guerre : Michel Noir, Alain Carignon, Michel Mouillot, respectivement maires de Lyon, Grenoble et Cannes. J'avais suivi les exploits parisiens de mes collègues Eva Joly et Laurence Vichnievsky dans l'affaire ELF, ou encore les combats singuliers entre le procureur Éric de Montgolfier et Bernard Tapie, entre Marc Brisset-Foucault et Dominique Strauss-Kahn. À cette époque, la montée en puissance des juges-justiciers affolait les états-majors politiques, paniqués à l'idée de recevoir leur visite dès potron-minet.

Je considérais que la magistrature, jusque-là aux ordres, avait enfin redressé la tête, en n'hésitant plus à pourfendre le financement illégal des campagnes électorales, les détournements de fonds publics, les prises illégales d'intérêts, les corruptions active et passive, le délit de favoritisme, etc. Je me félicitais même que fût consacrée la jurisprudence Balladur pour trois ministres majeurs de son gouvernement contraints à la démission.

Aujourd'hui, avec le recul, je mesure pleinement le danger que font courir à la démocratie des juges-justiciers, et ne peux que souscrire aux critiques formulées par Alain Juppé : « Depuis qu'Édouard Balladur a formulé et appliqué la règle de la démission immédiate de tout ministre mis en examen, on a même donné aux juges d'instruction le pouvoir de faire et défaire le gouvernement[9]. » Ironie du sort, Alain Juppé sera lui-même contraint, en 2004, à un retrait de la vie politique, après avoir été condamné à une inéligibilité.

En 2012, l'affaire Cahuzac marquera un nouveau tournant dans les rapports juges-politiques. Après la condamnation de son ministre du Budget pour évasion fiscale, le président Hollande renforcera encore davantage le pouvoir des juges en créant deux institutions nouvelles la Haute autorité pour la transparence de la vie publique (HATVP) et le Parquet national financier (PNF). Depuis, les politiques sont soumis à des contrôles très intrusifs sur leur patrimoine et leurs activités, tandis qu'ils vivent sous la menace permanente d'un PNF aux aguets.

Le premier à en avoir fait l'amère expérience fut François Fillon, empêtré dans sa campagne présidentielle de 2017, alors que tous les observateurs lui prédisaient un boulevard pour l'Élysée. Éliminé dès le premier tour,

9. Serge JULY, Alain JUPPÉ, *Entre quatre z'yeux,* Éditions Grasset, 2001.

Fillon emportait avec lui tous les espoirs de la droite, aujourd'hui réduite à peau de chagrin. Les deux grands partis de gouvernement furent laminés en grande partie sous les coups de boutoir des juges et sur la promesse d'une moralisation de la vie publique, avec un nouveau président et une nouvelle génération de politiques. Las ! Les espérances furent de courte durée.

L'hécatombe reprit de plus belle sous Emmanuel Macron, avec la démission forcée de plusieurs de ses ministres : Richard Ferrand, François Bayrou, Marielle de Sarnez, Sylvie Goulard, Laura Flessel… Dans un sursaut, Macron, craignant de se retrouver à la merci des juges, décidera de rompre avec la jurisprudence Balladur en maintenant Éric Dupont-Moretti dans ses fonctions de garde des Sceaux, et ce malgré sa mise en examen pour prise illégale d'intérêts. Dans le même temps, il n'hésitera pas à tacler une magistrature trop conquérante : « La justice doit être indépendante, mais elle ne saurait être hors de tout contrôle, sauf à risquer de n'être légitime nulle part, c'est particulièrement vrai pour le parquet qui participe tout à la fois de l'activité judiciaire et de l'activité publique[10] », déclara-t-il devant le Conseil constitutionnel.

En définitive, ce changement d'époque eut incontestablement du bon. La démocratie y avait gagné en transparence et en bonnes pratiques ; mais, dans le même temps, cette opération « mains propres » rendit le terrain de la justice trop miné pour imposer des réformes pénales qui n'auraient pas été du goût des juges. Face

10. Source Élysée, transcription du discours d'Emmanuel Macron, 5 octobre 2018.

à ces nouveaux inquisiteurs, la classe politique dans son ensemble préférait battre en retraite pour ne pas se transformer en chair à canon. Nombre de ministres de la Justice n'avaient-ils pas eux-mêmes comparu pieds et poings liés devant les petits juges, à l'instar de Jacques Toubon, Pierre Méhaignerie, Pierre Bédier, Rachida Dati, Michel Mercier, Jean-Jacques Urvoas, François Bayrou et, dernier en date, Éric Dupont-Moretti ? La place Vendôme prenait des allures de cimetière des éléphants, pour des gardes des Sceaux pris en tenailles entre, d'un côté, une magistrature farouchement accrochée à son indépendance conquise de haute lutte, et, de l'autre, un gouvernement qui ne leur pardonnait pas leur impuissance à tenir leurs troupes. Depuis l'ère Mitterrand, la quasi-totalité des gardes des Sceaux virent leur carrière ministérielle s'échouer sur le récif de la place Vendôme.

Cette montée en puissance du juge a accompagné la perte de confiance des citoyens en leurs dirigeants. La nature ayant horreur du vide, le juge l'a peu à peu comblé, en donnant son avis en toute occasion, sur les responsabilités dans le réchauffement climatique, la crise pandémique, la régulation de l'immigration, la vigilance économique… et mille autres choses encore. Il est symptomatique, à cet égard, de relever que la France est le seul pays au monde où des juges se sont immiscés dans l'action purement gouvernementale pour rechercher d'éventuelles responsabilités dans la gestion de la crise pandémique. Rappelons que les juges d'instruction n'ont pas hésité à perquisitionner les bureaux et domiciles de plusieurs ministres et également du Premier ministre Édouard Philippe ! Le juge s'est ainsi progressivement approprié des pans entiers du domaine purement politique.

De fait, une nouvelle génération de juges est née comme par mutation génétique. À force d'appliquer la loi, on est aussi tenté de vouloir la fabriquer. La société française s'est insidieusement judiciarisée avec l'irrésistible ascension du juge constitutionnel, du juge administratif, du juge défenseur des droits, du juge de l'audiovisuel, du juge de l'informatique et des libertés, du juge de la Bourse, du juge européen, du juge international… Peu à peu, le juge est devenu un personnage incontournable, dont la silhouette est quelquefois devenue familière au grand public. Pour autant, il n'a guère plus de légitimité propre, ni plus de responsabilité devant le peuple, et c'est bien là le problème. Car, lorsque le syndicalisme judiciaire préconise d'appliquer de manière partisane la règle de droit, il opère comme un contre-pouvoir politique sans responsabilité propre devant le peuple.

Ne serait-ce pas là le début de la tyrannie judiciaire ? Assisterons-nous un jour à une nouvelle fronde des Parlements, comme quand l'autonomie des juges fut recouvrée sous la Révolution, et qu'elle avait abouti à la paralysie du royaume à la fin du XVIIIe siècle ? En 1787, le garde des Sceaux Lamoignon s'était risqué à limiter leur indépendance. Mal lui en prit. Les juges lancèrent le cri de la révolte, réclamant eux aussi à Louis XVI la convocation des états généraux avec la suite que l'on connaît. Ce qui se passe aujourd'hui sous l'habillage de l' « indépendance de la magistrature » rappelle furieusement cette rébellion historique.

La contagion

> *« La faiblesse des démocraties, c'est qu'il leur faille, trop souvent, se renier pour survivre. »*
>
> *Jean Rostand*

L'idéologie du Syndicat de la magistrature s'est propagée comme un essaim d'abeilles quittant sa ruche pour aller polliniser toute la société. D'ailleurs, le titre même de sa revue *J'essaime* ne dissimule pas cet objectif, atteint, il faut bien le reconnaître, avec un indéniable succès. Depuis longtemps, en effet, la mansuétude à l'égard des délinquants n'est plus le seul apanage de la gauche judiciaire. Pour preuve, sous Édouard Balladur, la droite une fois revenue au pouvoir rivalisera de bienveillance en mettant tout en œuvre pour éviter autant que possible la prison. Au fond, le courant rousseauiste issu du Syndicat de la magistrature se répandra jusque dans les sphères politiques où on ne l'attendait pas naturellement. L'heure, en vérité, était toujours à la contrition devant des juges idéologisés, mais de plus en plus téméraires.

Le 14 avril 1994, période de cohabitation, le ministre de la Justice, Pierre Méhaignerie, adressera à tous les procureurs cette édifiante circulaire[1], que Robert Badinter n'aurait pu renier, et dont l'intitulé ne laissait guère de place au doute : « Orientations de politique pénale, prévention de la récidive, et développement des peines non privatives de liberté ». On peut y lire ceci :

> « - Les parquets ne doivent pas requérir la détention, mais bien plutôt le contrôle judiciaire socio-éducatif, tant devant les juges d'instruction qu'au cours des comparutions immédiates.
> - Il faut développer les peines non carcérales.
> - Lorsqu'une peine de prison ferme a été quand même prononcée, il faut inciter les juges d'application des peines à convertir ces peines en semi-liberté ou en placements à l'extérieur.
> - Lorsque cela n'est pas possible, le parquet ne doit faire ramener à exécution les peines de prison ferme que lorsqu'il y a de la place en détention.
> - Lorsque, malgré tout, un condamné se retrouve en prison, le parquet doit tout faire pour qu'il soit mis en liberté conditionnelle. »

Une circulaire en forme de papier-coller avec les préconisations du Syndicat de la magistrature !

Les procureurs n'étant pas plus royalistes que le roi, ils appliqueront à la lettre ces instructions ministérielles d'une extrême bienveillance. Bien qu'étant allé à Canossa, Pierre Méhaignerie n'en sera pas moins quitte avec le clan,

1. Circulaire du ministre, adressée à tous les procureurs, accessible à tous aux archives du ministère.

puisqu'il sera condamné à de l'emprisonnement avec sursis dans l'affaire de la caisse noire du parti centriste. Sans conséquence, en réalité, puisque ces faits tombaient sous le coup de la loi d'amnistie de 1993.

Ce qui surprendra davantage, c'est que cette même bienveillance saisira à son tour Nicolas Sarkozy. Le ministre du karcher et des peines planchers supprimera en 2003 la double peine, en excluant une catégorie de délinquants étrangers du risque de l'expulsion, en raison de leur situation personnelle ou familiale. Cette mesure bénéficiera aux étrangers arrivés en France avant l'âge de 13 ans, résidant en France depuis au moins vingt ans, ou dont le conjoint et les enfants ont la nationalité française. Une seule exception à cette générosité visait les auteurs d'actes de terrorisme ou de menaces graves à la sécurité nationale. C'était bien le moindre !

Sur France 2, le 20 novembre 2003, Nicolas Sarkozy était sommé de s'expliquer à l'occasion d'un sordide fait divers commis par un étranger devenu non expulsable : « Expulser aurait conduit à désigner cinq orphelins et une femme sans son mari, se justifiait-il, pourquoi devrais-je, alors que je suis ministre de l'Intérieur, faire porter la peine sur celui qui n'y est pour rien ? C'est-à-dire le gosse ou la femme. Pourquoi je peux être ferme ? Parce que je suis juste. »

Vingt ans plus tard, l'ancien sarkozyste Gérald Darmanin, sous la pression de l'opinion, à cran sur ces sujets, promettait d'abroger le dispositif de son mentor qui avait eu pour conséquence de diviser par deux le nombre d'interdictions du territoire, et par voie de conséquence d'augmenter le taux de récidive.

Retour de l'angélisme

> *« La justice sans la force est impuissante, la force sans la justice est tyrannique. »*
>
> *Blaise Pascal*

Avec l'élection de François Hollande en 2012, les rares dispositifs adoptés au forceps sous le quinquennat de Nicolas Sarkozy finiront par être abrogés. En zélote de l'angélisme, Christiane Taubira s'attelait, sans perdre une minute, à détricoter méticuleusement toutes les lois jugées scélérates qui avaient été votées par son prédécesseur. Bien entourée du cercle des juges rouges qu'on croyait disparu, l'une de ses toutes premières décisions fut d'abroger l'emblématique loi sur les peines planchers. De quoi s'agissait-il ? De ce que le simple bon sens commande : les récidivistes doivent être sanctionnés plus sévèrement que les primo-délinquants. La loi le prévoyait d'ailleurs, puisque, en théorie, le récidiviste encourt le double de la peine d'un primo-délinquant. Sauf qu'en pratique, les juges nourris à la culture de l'excuse rechignaient à appliquer la sanction dans toute sa rigueur et accordaient quasi systématiquement le bénéfice des circonstances atténuantes. D'où l'idée de leur forcer un peu la main en les obligeant à motiver leurs décisions, au cas où ils descendraient en dessous du minimum légal. Cette réforme, *a minima* validée par le Conseil constitutionnel, envoyait un signal fort à tous les candidats à la récidive, ceux qu'il fallait dissuader de s'ancrer dans la délinquance.

En outre, malgré les cris d'orfraie de la gauche judiciaire, les juges correctionnels avaient fini par s'approprier ce nouveau dispositif à hauteur de 37 % des décisions rendues[1]. La nouvelle jurisprudence commençait à porter ses fruits en matière de dissuasion. Pourquoi, dès lors, s'être empressé de supprimer ce qui fonctionnait, sinon par pure idéologie, considérant qu'il fallait à tout prix éviter la peine de prison ?

Le 14 février 2013, inaugurant en grande pompe une pseudo « conférence de consensus » destinée à vanter les mérites des peines alternatives, Christiane Taubira se lançait dans une envolée lyrique dont elle avait le secret : « Est-ce que nous sommes contraints de rester dans ce paradigme de l'incarcération et cette référence systématique, ou est-ce que nous serons en mesure de produire des peines qui sont de vraies peines [...] afin que les peines alternatives à l'incarcération [...] soient de vraies peines avec des objectifs affichés[2] ? » Nul doute que dans les banlieues où sévissent le crime organisé et la violence, le message n'est pas passé inaperçu. La suite le démontrera avec une explosion des infractions violentes à un niveau jamais atteint auparavant. À l'évidence, place Vendôme,

1. Infostat, *Justice*, n° 118, octobre 2012.

2. Dossier de presse, Ministère de la Justice, 20 février 2013.

on démontrait de nouveau plus de compassion pour les condamnés que pour leurs victimes. C'est à peine si ces dernières ont droit de cité dans un monde médiatique plutôt fasciné par la cruauté du criminel que par l'infortune des victimes. Qui ne se souvient des noms glaçants de Michel Fourniret, Guy Georges, Francis Heaulme, Salah Abdeslam, Mohammed Merah, tandis que les noms de leurs victimes innocentes tombent très vite dans l'oubli ?

Malgré la rupture opérée par Christiane Taubira, le Syndicat de la magistrature restait sur sa faim, estimant qu'on n'était pas encore allé assez loin : « Mais de rupture paradigmatique, il n'y en a pas eu : parce que les socialistes ne se sont défaits ni du prisme réducteur de la lutte contre la récidive, ni de l'obsession carcérale et, pire, parce qu'au prétexte d'efficacité et pour satisfaire une opinion publique fantasmée, ils ont sombré dans le tout contrôle[3]. »

Que leur fallait-il de plus ? Christiane Taubira réservera le même sort funeste au programme de construction de 20 000 places de prison initié par son prédécesseur, au prétexte qu'il n'était pas budgété. Quant à la rétention de sûreté prévue pour les criminels dangereux, bien que maintenue dans la loi, elle fut ostensiblement boudée par les juges, tout comme le bracelet électronique mobile, pourtant très prometteur au départ. De même, les courtes peines d'emprisonnement, dont tous les experts s'accordent pourtant à reconnaître leur effet dissuasif, disparaissaient quasiment sous le quinquennat de François Hollande. Enfin, la mise en œuvre de la responsabilité des juges,

---

3. *J'essaime*, n° 28, septembre 2014.

qui avait été votée à l'issue de la commission d'enquête parlementaire sur l'affaire d'Outreau, fut retoquée par le Conseil constitutionnel, au motif qu'elle portait atteinte à leur indépendance. En définitive, toute réforme qui avait été engagée dans le sens d'une plus grande fermeté, fut anéantie soit par le politique, soit par le juge judiciaire, soit par le juge constitutionnel. Se sentant à nouveau pousser des ailes, le SM cherchera à réinvestir tous les lieux de pouvoir, en se mêlant aussi des questions d'ordre purement économique ou politique. Ces sorties de route ne semblent pas, en tout cas, émouvoir les responsables politiques, étrangement muets face aux velléités affichées : « N'en déplaise à tous ceux qui rêvent d'une justice aux ordres, le devoir de réserve ne se confond pas avec une obligation de silence et les magistrats peuvent, comme tous les citoyens, participer au débat public, en rappelant notamment la nécessité de lutter contre la grande délinquance financière pour le bien commun[4] », assènent-ils, péremptoires.

Comment s'étonner devant ce Waterloo politique de droite comme de gauche, qu'en 2017, les deux grands partis de gouvernement furent littéralement balayés, dépassés même en nombre de députés par le Rassemblement national ? Un véritable désastre démocratique, qui, au fond, ne pouvait me surprendre. Avant d'être à mon tour débarqué en 2017, combien de fois, pendant ma campagne législative, n'ai-je entendu de la bouche de mes électeurs

4. Communiqué du SM, 24 mars 2013.

des réflexions sarcastiques du genre : « Vous n'aviez pas promis de passer le karcher ? »

Aujourd'hui je me pose la question. Serons-nous un jour en capacité de faire prévaloir la souveraineté du peuple sur une justice prédatrice, sans autre légitimité propre que celle de la réussite à un concours administratif ? Je me souviens qu'à l'occasion de la commission d'enquête sur l'affaire d'Outreau, j'avais noué une relation de confiance avec un avocat peu suspect de pencher à droite : Éric Dupont-Moretti, le défenseur de Roselyne Godard, l'une des victimes de l'erreur d'Outreau. Nous avions créé ensemble, et au-delà de nos différences politiques, un « Observatoire d'Outreau » pour poursuivre notre action en faveur d'une justice responsable. Bien qu'homme de gauche, il avait de bonne grâce accepté de venir me soutenir à l'occasion de ma campagne législative dans ma circonscription du Rhône, parce que nous partagions le même idéal de justice. Nos chemins devaient ensuite se séparer, carrière oblige. Lors de sa nomination surprise par Emmanuel Macron aux fonctions de ministre de la Justice, j'avais nourri quelque espoir que cet avocat au caractère trempé mette un coup de pied dans la fourmilière pour casser le corporatisme et ouvrir la justice au monde extérieur. Sa première décision de nommer une avocate à la tête de l'École nationale de la magistrature, pouvait le laisser augurer. La nomination d'Éric Dupont-Moretti place Vendôme fut dénoncée comme une « déclaration de guerre » par la présidente de l'Union syndicale des magistrats.

En définitive, Éric Dupont-Moretti, comme tous ses prédécesseurs, mettra le genou à terre. Il sera de surcroît traîné de manière inédite devant la Cour de justice de la République qui devra le juger sur une prétendue prise illégale d'intérêts.

L'*Acquitator*, tel un gladiateur descendu dans l'arène politico-judiciaire, ne semble pas résigné à mordre la poussière. Il contre-attaque en refusant de répondre aux questions de la Cour de justice de la République, se contentant lors de sa mise en examen le 3 mars 2022 de leur lire une déclaration : « Tout, dans la conduite de votre information, démontre en effet votre détermination non pas à faire la vérité sur des allégations que vous avez d'emblée tenues pour acquises, mais à salir la réputation d'un ancien avocat dont vous alimentez le seul procès qui vous intéresse, celui de son illégitimité à occuper les fonctions de garde des Sceaux[5]. » Parallèlement, son avocat saisissait la Cour de cassation, par le biais d'une question prioritaire de constitutionnalité, considérant que la perquisition effectuée dans son bureau du ministère de la justice est une atteinte à la séparation des pouvoirs. Affaire à suivre…

5. *La Croix*, 29 mars 2022.

Abolir la prison

« Il faut que le détenu ne souffre pas physiquement en prison, mais il faut aussi qu'il s'y trouve assez malheureux des suites de son crime pour que la peur l'empêche à nouveau de violer la loi et arrête d'avancer ceux qui veulent l'imiter. »

Alexis de Tocqueville

En 2023, la France vient d'établir un nouveau record : le nombre de personnes incarcérées s'élève à 72 836 pour une capacité pénitentiaire de 60 698 places opérationnelles, soit une densité carcérale de 120 %[1] !

Pour le courant hostile à l'emprisonnement, cette surpopulation carcérale serait due à un taux d'incarcération exagérément élevé. Les juges français seraient donc trop répressifs. C'est une contre-vérité. Il suffit de comparer notre situation à celle des autres États de l'Union européenne. La moyenne du taux de détention y est de 122 pour 100 000 habitants[2]. Or, la France se situe

---

1. Ministère de la Justice, statistiques de la population détenue et écrouée, 26 décembre 2022.

2. Statistiques pénales annuelles du Conseil de l'Europe.

en dessous, avec un taux de 100, derrière, par exemple, l'Espagne : 130 ; le Royaume-Uni : 150 ; ou la Pologne : 210 ; et à quasi-égalité avec l'Italie, la Belgique, le Portugal ou les Pays-Bas. Notre pays reste donc dans la moyenne européenne.

En réalité, si nos prisons sont surpeuplées, ce n'est pas en raison d'un nombre excessif de détenus, mais bien par manque criant de places. Nous ne souffrons pas d'une surpopulation carcérale, comme on l'entend trop souvent, mais d'un sous-équipement immobilier pénitentiaire. Nous comptons, en effet, 88 places de prison pour un ratio de 100 000 habitants, quand la moyenne européenne est de 144, soit presque le double. Par rapport à nos 60 698 places, on en dénombre 75 647 en Espagne, 77 689 en Allemagne, et 96 158 en Grande-Bretagne !

Sous chaque quinquennat, on promet, la main sur le cœur, de remédier à cette situation indigne d'une grande démocratie. Dans les faits, quelques rares plans ont été mis en œuvre. En 1987, ce fut le programme 13 000 du ministre de la justice Albin Chalandon ; en 2005 celui de Dominique Perben pour 3 500 places nouvelles. Mais le compte n'y est pas. Si bien que, à l'heure actuelle, 2 133 détenus dorment sur des matelas par terre, en s'entassant à trois ou quatre par cellule, alors que la norme européenne reste théoriquement l'encellulement individuel[3]. Dans la quasi-totalité des établissements pénitentiaires, la cote d'alerte est d'ores et déjà dépassée. Autre effet pervers de cette situation, bon an mal an, entre 80 000 et 100 000

3. Chiffres de l'administration pénitentiaire.

condamnations à des peines de prison ferme restent en attente d'exécution[4]. Environ un quart d'entre elles ne seront au final jamais exécutées, le parquet faisant jouer discrètement la prescription ou le classement sans suite.

L'administration pénitentiaire, en lien avec les procureurs, est en effet contrainte à une sorte de gestion hôtelière des prisons, à un *numerus clausus* qui ne dit pas son nom. D'un côté, on évite d'incarcérer de nouveaux entrants, de l'autre, on libère au plus tôt ceux qui purgent leurs peines, pour libérer de la place. Dans les faits, les juges d'application des peines redoublent d'efforts en faisant jouer au maximum les sorties anticipées par l'octroi systématique des remises de peines et libérations conditionnelles.

Dernière petite trouvaille du ministre Éric Dupont-Moretti, passée presque inaperçue : depuis le 1er janvier 2023, tout condamné à moins de 2 ans de détention sort trois mois avant sa fin de peine. Une prime inattendue pour les trafiquants de drogue qui vont pouvoir reprendre du service plus tôt que prévu !

L'inexécution des peines, ne le sous-estimons pas, est à l'origine du sentiment d'impunité répandu parmi les délinquants, d'habitude trop heureux de pouvoir en bénéficier jusqu'à plus soif. Les politiques responsables de cette situation ne peuvent s'abriter plus longtemps derrière les difficultés budgétaires. En réalité, par pure idéologie, tout est fait pour contourner la peine de prison au profit des peines dites alternatives.

---

4. *Le Figaro*, 4 août 2013.

Plusieurs programmes de construction, bien que déjà votés, sont abandonnés, comme ce fut le cas en 2012 sous Christiane Taubira. Quant aux promesses électorales de 15 000 places supplémentaires prises par le candidat Macron en 2017, elles ne furent jamais tenues. Dans un tel contexte, les conditions de détention continueront à se dégrader et les chances de réinsertion à s'amoindrir. En outre, cette pénurie de places de prison est à l'origine de la promiscuité entre primo-délinquants et multirécidivistes, et, plus grave encore, crée une porosité entre les détenus radicalisés et les nouveaux entrants.

« La prison est désormais, selon les meilleures études et suivant un constat devenu banal, la "pouponnière du djihadisme" », constatait amèrement l'ancien président du Conseil français du culte musulman, Dalil Boubaker. « Pour reprendre la formule d'un observateur, ajoutait-il, le jeune y entre en baskets et casquette, il en sort portant la barbe, la djellaba, voire un chapelet de prière et un Coran à la main[5]. »

Pour combattre ce fléau, la maison d'arrêt de Fresnes a été la première à expérimenter le regroupement des terroristes islamistes, dans un quartier à l'écart du reste de la population pénale.

Je décidai de m'y rendre de manière inopinée, comme m'y autorisait mon statut de parlementaire. Je retrouvai cette ambiance oppressante que j'avais connue comme juge, dans l'antique et vétuste maison d'arrêt Saint-Paul, derrière la gare de Lyon-Perrache. Je demandai au directeur

5. Assemblée nationale, *Commission d'enquête sur la surveillance des filières et des individus djihadistes*, compte rendu n° 126, audition du 5 mars 2015.

de Fresnes de me conduire au quartier dans lequel étaient regroupés, ce jour-là, 22 détenus liés au terrorisme. Ce type d'unité était censé empêcher l'influence néfaste des plus endurcis sur les plus malléables, et notamment de les mettre à l'abri des pressions en tous genres : ne pas se doucher nu, ne pas manger de porc, ne pas écouter de musique, appels à la prière par les fenêtres de l'établissement… Cette nouvelle forme de « caïdat religieux » se répandait au vu et au su des personnels pénitentiaires, dans toutes nos prisons françaises. En vérité, je ne me faisais guère d'illusions sur ce « bricolage », avec les moyens du bord. Dans la réalité, bien que bénéficiant de cellules individuelles, les détenus radicalisés se retrouvaient en contact avec le reste de la population pénale lors des différentes activités culturelles, confessionnelles, sportives, scolaires ou d'ateliers.

Dans un tel contexte, la prison peut-elle encore remplir ses missions de sanction et de réinsertion ? On peut en douter quand on connaît les difficultés à maintenir l'ordre et la discipline. Chaque année, environ 40 000 téléphones portables et accessoires sont saisis[6] ; la drogue et d'autres produits circulent avec une incroyable facilité. Ajoutez à cela que certaines initiatives de l'administration pénitentiaire ont choqué l'opinion publique, à juste titre.

En plein été 2022, les Français, éberlués, découvrent dans une vidéo tournée dans l'enceinte de la prison de Fresnes, une parodie de l'émission *Koh-Lanta* rebaptisée pour la circonstance « Kholantess ». Des détenus

6. *Le Figaro*, 21 août 2018.

se mesurent sur un karting avec des jeunes de quartiers et des surveillants pénitentiaires. L'affaire prend une tournure politique. Le garde des Sceaux jure n'avoir jamais été informé d'une telle initiative et annonce aussitôt l'ouverture d'une enquête administrative. Le président Macron, de retour de congés du fort de Brégançon, évoque lui-même l'affaire en plein conseil des ministres.

En réalité, ce n'était pas la première fois que la prison apparaissait au grand jour comme un lieu festif. Le 2 décembre 2013, dans une vidéo tournée clandestinement au centre de détention de Montmédy, des détenus apparaissaient encagoulés, revêtus de vestes subtilisées aux surveillants, fumant du cannabis, et s'adonnant à une danse collective en toute liberté.

Est-ce cela la prison, se demandent légitimement les Français, alors même, c'est bien connu, que les peines sont déjà en grande partie inexécutées ? Cette vision angélique du traitement de la criminalité ne résiste pas à la réalité : pour une certaine catégorie d'individus, la prison est l'unique moyen d'interrompre leur parcours criminel. Imaginerait-on les terroristes du Bataclan, la meurtrière de la petite Lola, le tueur en série Michel Fourniret, l'assassin de Samuel Paty, placés sous simple contrôle électronique ? Le jeune meurtrier du père Hamel, rappelons-le, l'était au moment de son passage à l'acte. En revanche, les peines alternatives gardent tout leur intérêt pour des primo-délinquants amendables, qui ne présentent pas de caractère dangereux, et auxquels on évitera les ruptures professionnelles et familiales.

La prison est un mal nécessaire. Toute société démocratique doit faire en sorte qu'elle remplisse ses fonctions de peine rétributive et de réinsertion. Or, la pénurie d'établissements pénitentiaires ne permet pas d'atteindre ces objectifs. L'annonce faite par le ministre de la Justice Éric Dupont-Moretti de construire sur le quinquennat 15 000 places nouvelles[7] sera-t-elle cette fois tenue ?

7. BFMTV, 5 octobre 2021

Les peines à la trappe

> *« La certitude d'une peine, même modérée, fera toujours plus d'impression que la peur d'une autre, même plus terrible, mais qui serait souvent inappliquée. »*
> *Cesare Beccaria,* Traité des délits et des peines*, 1764*

Lorsqu'une peine d'emprisonnement est prononcée, le simple bon sens voudrait qu'elle soit entièrement exécutée, après déduction des seules remises de peine pour bonne conduite. Or, en pratique, tout est mis en œuvre pour qu'une peine de prison soit très rapidement transformée en autre chose, ou peu ou prou exécutée.

Le premier palier a été franchi en 1985, lorsque Robert Badinter décide de ne plus mettre à exécution les emprisonnements jusqu'à 6 mois. Dorénavant, il revient au juge d'application des peines la mission de leur substituer une mesure alternative, en accord avec l'intéressé. La droite va suivre le même mouvement de générosité. Ainsi, en 1996, Jacques Toubon porte ce délai de 6 mois à un an d'emprisonnement, pour pouvoir bénéficier d'un aménagement total de la sanction. Puis, en 2009, sous le quinquennat de Nicolas Sarkozy, Rachida Dati l'élargit jusqu'à deux ans !

Une loi du 23 mars 2019 va rectifier le tir en revenant au délai plus raisonnable d'un an.

Lorsqu'une peine est tout de même mise à exécution, on s'évertue à y mettre un terme au plus vite, par le jeu des réductions exceptionnelles ou d'une libération conditionnelle anticipée. On aura compris que cette dévitalisation de la sanction n'a pas été que l'apanage de la gauche. À preuve, sous Nicolas Sarkozy, Rachida Dati, ministre de la Justice, diffuse une circulaire[1] particulièrement bienveillante à l'égard des délinquants : « En matière correctionnelle, en dehors des condamnations en récidive légale, une peine d'emprisonnement sans sursis ne peut être prononcée qu'en dernier recours, si la gravité de l'infraction et la personnalité de son auteur rendent cette peine nécessaire et si toute autre sanction est manifestement inadéquate. Dans ce cas, la peine d'emprisonnement doit, si la personnalité et la situation du condamné le permettent, et sauf impossibilité matérielle, faire l'objet d'une mesure d'aménagement. »

Voyons maintenant comment, en pratique, les peines de prison sont mises à exécution. La loi prévoyant donc que toute condamnation jusqu'à un an peut être aménagée, l'extrait de jugement est obligatoirement adressé par le procureur au juge de l'application des peines. Ce magistrat, surnommé par les mauvaises langues le « juge de l'inapplication des peines », convoquera librement le condamné pour étudier, avec son consentement, les modalités d'un aménagement total de sa peine. Il lui proposera, à la carte,

1. Circulaire accessible à tous au ministère.

un travail d'intérêt général, un placement sous surveillance électronique, une semi-liberté, etc. Et le tour est joué! L'heureux bénéficiaire de cette mesure d'aménagement *ab initio* n'aura pas effectué un seul jour de détention. Ainsi, dans notre système peu commun, un juge solitaire, dans le huis clos de son cabinet, s'attelle méthodiquement à défaire la condamnation prononcée par une juridiction collégiale. Il n'en a pas toujours été ainsi.

Lorsque, dans les années 1980, je débutais ma carrière au parquet, les choses étaient bien différentes. Une fois la condamnation prononcée, j'adressais l'extrait de jugement non pas au juge de l'application des peines, mais aux forces de l'ordre en y apposant la mention « Bon pour écrou ». Aussitôt, le condamné était conduit à la maison d'arrêt, menottes aux poignets, sans bénéficier du passage miraculeux chez le juge d'application des peines. Ce n'était qu'en cours d'exécution que le juge d'application des peines pouvait aménager la peine en fonction de la bonne conduite et des efforts de réinsertion. Ces temps sont bien révolus! Aujourd'hui, tout est fait pour éviter la prison, au motif qu'elle serait elle-même criminogène.

Ainsi, tout au long de ma carrière de magistrat, et sous tous les gouvernements, j'ai ressenti cette culpabilisation d'exercer un métier à connotation répressive, tant les réformes législatives et les circulaires nous incitaient à la plus grande mansuétude.

Or, depuis 1764, époque des travaux du criminologue italien Cesare Beccaria, nous savons que « la certitude d'une peine, même modérée, fera toujours plus d'impression que la peur d'une autre, même plus terrible, mais qui serait souvent inappliquée[2]. » Aujourd'hui, non seulement la sanction tout juste prononcée fond comme neige au soleil, mais, de surcroît, les courtes peines d'emprisonnement ont quasiment disparu de l'arsenal répressif.

En effet, depuis la loi du 23 mars 2019, votée sous le ministère de Nicole Belloubet et mise en œuvre par Éric Dupont-Moretti, il faut dorénavant distinguer selon sa durée. La peine de moins d'un mois n'existe plus. Jusqu'à 6 mois ferme, elle est transformée sur le siège en autre chose, comme le travail d'intérêt général, le bracelet électronique, ou le placement à l'extérieur. Jusqu'à un an ferme, le tribunal dispose, cette fois, de la simple faculté de l'aménager entièrement. En cas contraire, le condamné peut se rassurer, le juge de l'application des peines s'en chargera.

Pour justifier d'une telle générosité, politiques et juges s'abritent derrière l'idée reçue que la prison serait la meilleure école du crime. Or, plusieurs enquêtes réalisées par le ministère de la Justice lui-même ont prouvé tout le contraire : le risque de récidive est inversement proportionnel à la longueur de la peine ; plus la sanction est courte, et moins le petit délinquant risque de récidiver. On peut en déduire que la peine de prison, même brève, n'encourage pas à la délinquance, bien au contraire, elle en dissuade, surtout le délinquant occasionnel, à la différence notable du délinquant d'habitude.

Ces conclusions sont vérifiées par toutes les analyses criminologiques, ainsi que par certaines expériences étrangères. Aux Pays-Bas, où l'on prononce deux fois

2. Cesare Beccaria, *Traité des délits et des peines*, 1764.

plus de courtes peines qu'en France proportionnellement à leur population, on enregistre deux fois moins de condamnés emprisonnés. Résultat ? On est passé d'environ 20 000 détenus en 2004 à 11 000 en 2020[3], soit une division par deux !

En France, où l'on a fait le choix d'éviter la courte incarcération, on en mesure aujourd'hui les conséquences en termes de récidive. Cette dénaturation de la sanction ne date pas d'aujourd'hui. Depuis un demi-siècle, tout a été imaginé pour accélérer les libérations anticipées. En 1972 ont été créées les remises de peine pour bonne conduite, auxquelles sont venues se rajouter en 1975 des remises supplémentaires pour récompenser des efforts particuliers, comme, par exemple, l'obtention d'un diplôme. Ces remises se cumulent à leur tour avec le droit à une libération conditionnelle dès la mi-peine. Ajoutons enfin que, jusqu'au 1er janvier 2023, ces réductions étaient étonnamment accordées dès le premier jour d'incarcération, sous forme de crédit de peine, sans même attendre de connaître le comportement futur du condamné en détention.

Voilà comment, sous gauche et droite confondues, le slogan du Syndicat de la magistrature « Chassons la prison de la tête des juges » est devenu une réalité. D'un côté, on incarcère avec parcimonie, et de l'autre, on fait jouer à fond les mécanismes d'allègement des peines. Ainsi, par le simple jeu des réductions automatiques pour bonne conduite, un condamné à 10 ans de prison, dans la réalité,

---

3. *Le Figaro*, 1er décembre 2022.

n'effectuera au bout du compte que 4 à 5 ans. Finalement, la prison ne fait plus peur aux récidivistes. Ce d'autant que nombre de plaintes déposées par les victimes et d'enquêtes diligentées par les policiers et les gendarmes, n'aboutissent jamais devant un tribunal.

Souvenons-nous du cri de colère lancé le 20 mai 2021 par les policiers devant l'Assemblée nationale : « Le problème de la police, c'est la justice ! » (voir supra page 142). Les forces de police exprimaient leur exaspération de retrouver en liberté des délinquants interpellés la veille, et quelquefois au péril de leur vie.

Alors, la faiblesse de la réponse pénale, que dénoncent les forces de l'ordre, est-elle un mythe ou une réalité ? Pour le ministère de la Justice, aucun doute, il s'agit d'une vue de l'esprit. Et d'afficher un taux de réponse pénale exceptionnel s'élevant à 91 %[4] ! Que faut-il en penser ? Est-ce que vraiment 9 affaires sur 10 sont traitées par des juridictions, dont nous savons qu'elles sont au bord du gouffre ? Voyons, chiffres à l'appui, ce que cache ce pourcentage exceptionnel, destiné, à l'évidence, à faire taire les récriminations des syndicats de police et dans le même temps à rassurer une opinion publique, dont toutes les enquêtes révèlent la perte de confiance en l'institution judiciaire.

Selon un sondage IFOP du 24 juillet 2022, 73 % des Français estiment que « la justice fonctionne mal » et 65 % trouvent « les juges pas assez sévères ». Une étude très documentée produite par le Syndicat de magistrats

---

4. Infostat, *Justice*, 5 novembre 2015.

FO-Justice[5], va littéralement tordre le cou à cette présentation d'affichage. Menée à partir des données fournies par le ministère de la Justice lui-même, elle nous apprend que pour l'année 2017, les tribunaux ont reçu 4 765 672 procédures. Ces saisines ne tiennent évidemment pas compte du chiffre noir de la criminalité réelle. Si on devait comptabiliser toutes les mains courantes non transmises aux tribunaux, mais également toutes les petites infractions du quotidien, appelées par euphémisme des incivilités, et qui ne donnent lieu qu'à très peu de signalements, sans doute pourrions-nous atteindre le chiffre record de 10 millions de crimes et délits commis chaque année en France. Toutes les enquêtes de victimisation le démontrent[6].

Basons-nous toutefois sur le chiffre officiel de 4 765 672 procédures pénales effectivement reçues par les tribunaux. Dans les faits, seules 4 241 508 ont pu être examinées par les parquets, sans doute par manque de temps. Or, sur ce restant, comme par enchantement, 70 %, soit 2 947 126 procédures ont été purement et simplement classées sans suite, au motif que les infractions étaient insuffisamment caractérisées, ou que les auteurs étaient restés inconnus !

Ces classements rentrent à l'évidence dans la comptabilisation par le garde des Sceaux du nombre des réponses pénales. Après ce sévère écrémage, les parquets se retrouvent donc avec 30 % du volume initial, soit 1 294 382 affaires, qui devront nécessairement connaître

5. SCPN, « La Tribune du commissaire », n° 146, septembre 2020. Analyse de Béatrice Brugère, secrétaire générale du syndicat Unité magistrats SNM FO.

6. INSEE, Rapport d'enquête, « Cadre de vie et sécurité », décembre 2018.

une suite. Au passage, 12 % feront à nouveau l'objet d'un classement sans suite aux motifs, cette fois, de la carence du plaignant ou d'un trop faible préjudice. Finalement, il reste donc 1 133 881 procédures auxquelles il faudra bien donner une orientation, sous peine de déni de justice. Ce sera fait par toutes sortes d'artifices. 36,7 % feront l'objet d'une simple alternative aux poursuites pénales dont les tribunaux n'auront donc pas connaissance.

Ces sortes de classement sans suite, qui ne disent pas leurs noms, prennent la forme d'un rappel à la loi, d'un courrier d'avertissement, d'une injonction thérapeutique, d'un stage de sensibilisation, d'une médiation… Observons qu'aucune étude n'a pu mettre en évidence l'efficacité de ces mesures alternatives sur le taux de récidive. De plus, il y a fort à parier que les victimes ne seront que très exceptionnellement indemnisées de leurs préjudices. On l'aura compris, ces circuits dérivatifs ont pour double finalité de soulager une justice exsangue et d'afficher un taux artificiel de réponse pénale.

Il nous reste donc un noyau dur de 595 261 dossiers à traiter. Après un nouveau parcours de filtrage sur des critères assez flous, ce sont finalement 557 762 affaires qui aboutissent à une condamnation que l'on peut vraiment qualifier de pénale. Rapporté au chiffre initial de 4 765 672 procédures reçues dans les juridictions, la juge Béatrice Brugère, secrétaire générale du syndicat Unité magistrats-FO, conclut à un taux réel de réponse pénale de 11,7 %… très loin du taux de 91 % affiché par le ministre de la Justice.

Voilà la réalité d'une justice qui tourne à vide et n'impressionne plus les caïds des banlieues. Ce d'autant que, lorsqu'elles finissent par être prononcées, la grande majorité des peines d'emprisonnement sont assorties d'un sursis simple ou avec mise à l'épreuve. Enfin, nous l'avons vu, faute de places en prison et en application d'un généreux régime d'aménagement des peines, nombre d'entre elles sont peu ou prou exécutées. Comme si cela ne suffisait pas, une étonnante circulaire interministérielle Justice-Intérieur, datée du 31 mai 2022, donne instruction aux procureurs de se rendre dans les commissariats pour trier les milliers de plaintes non encore traitées, qui peuvent faire l'objet d'un classement sans suite. Ce qui n'est pas du goût de tous les procureurs : « Cette dépêche est humiliante et infantilisante, confiait un parquetier local, sous couvert de l'anonymat. Les gens déposent plainte sans savoir que, derrière, il y a un système organisé où la justice ne passe pas[7]. »

7. *JDD*, p. 3, 6 novembre 2022.

Conclusion

Au terme de cette incursion dans le monde de la criminalité violente, il me tient à cœur d'évoquer le traitement pénal réservé aux criminels les plus dangereux, les tueurs en série, psychopathes et agresseurs sexuels. Leurs victimes, la plupart mineures et vulnérables, ne doivent pas tomber dans l'oubli. Elles s'appelaient Lola, Maëlys, Delphine, Justine, Estelle, Sophie, Sihem…

Comme juge d'instruction, j'ai eu à traiter ce type de crimes, avec toujours la même interrogation : comment pouvait-on relâcher ces monstres en pleine nature, au prétexte qu'ils ont purgé leur peine ? Notre société n'avait-elle pas le devoir de les surveiller, même après la prison, et au besoin par des moyens coercitifs ? J'étais personnellement convaincu que l'extrême sauvagerie de ces criminels, pour la plupart récidivistes, exigeait de la société une réponse ferme qui les mette définitivement hors d'état de nuire. Or, depuis l'abolition de la peine de mort, la plus haute sanction reste la réclusion criminelle à perpétuité avec peine incompressible de trente ans. Dès lors, tout criminel ayant purgé cette peine maximale est tôt ou tard libérable. Et qui peut nous garantir d'une non-récidive ?

L'enlèvement et le viol à Roubaix, le 15 août 2007, d'un enfant par un pédophile récidiviste qui venait de sortir de détention[1] avait une nouvelle fois mis en évidence le problème du suivi des délinquants qui demeurent dangereux à leur sortie de prison. Avons-nous le droit de jouer à la roulette russe avec ce type de personnalité psychopathe ? L'opinion publique ne pouvait admettre plus longtemps que la justice puisse décider de relâcher un jour des individus comme Michel Fourniret, Francis Heaulme, Guy Georges, Patrice Alègre, Thierry Paulin, Pierre Bodein, Émile Louis… C'est en partant de ce constat, qu'en tant que parlementaire cette fois, je décidai en mars 2008, sous le quinquennat de Nicolas Sarkozy, et aux côtés de la ministre de la Justice, Rachida Dati, de soumettre à l'Assemblée nationale un nouveau dispositif dit de « rétention de sûreté », à l'instar de ce qui existait déjà dans d'autres démocraties, comme les Pays-Bas ou le Canada.

Comme je m'y attendais, les réactions de la gauche judiciaire furent particulièrement vives. On vit resurgir la figure tutélaire de Robert Badinter, sorti de sa retraite médiatique : « Après un siècle, nous voyons réapparaître le spectre de l'homme dangereux, des positivistes italiens Lombroso et Ferri, et la conception d'un appareil judiciaire voué à diagnostiquer et traiter la dangerosité pénale. On sait à quelles dérives funestes cette approche a conduit le système répressif des États totalitaires[2] »,

1. Affaire Évrard.

2. *Le Monde*, 10 novembre 2007.

asséna l'abolitionniste de la peine de mort, sans craindre de faire allusion aux camps d'extermination du régime nazi! « La peine, c'est la peine. Et il faut évidemment que les soins soient dispensés pendant la peine, et non après... Les annonces qui sont faites sur le mode compassionnel ne règlent rien[3] », renchérissait l'avocat Éric Dupont-Moretti.

Quant aux juges, par la voix de l'Union syndicale des magistrats, ils refusaient catégoriquement d'être associés à cette discussion: « À l'issue de l'exécution totale de la peine prononcée, on entre dans le domaine de la police administrative, et des mesures de sûreté déconnectées de toute infraction qui ne peuvent être de la compétence des magistrats de l'ordre judiciaire, et qui doivent être alors prises par l'autorité administrative, préfet ou maire[4] », se justifiaient-ils.

Au bout du compte, malgré cette tempête politico-judiciaire, le texte est adopté et validé par le Conseil constitutionnel, qui le déclare conforme à la Déclaration des droits de l'homme de 1789. En quoi consiste ce nouveau dispositif? Un an avant la date théorique de remise en liberté, une commission pluridisciplinaire composée d'un président de chambre de cour d'appel, du préfet de région, du directeur interrégional des services pénitentiaires, de deux experts psychiatres et psychologue, d'un membre du conseil de l'ordre des avocats, et d'un représentant d'une association nationale d'aide aux victimes, se réunit pour examiner l'intéressé. Si la persistance d'un état dangereux

3. *Observateur*, 13 juin 2008.

4. Réponse écrite faite à l'auteur, chargé d'une mission d'information parlementaire.

est avérée, cette commission peut décider du placement de l'individu dans un centre socio-médico-judiciaire de sûreté, placé sous la double tutelle des ministères de la Justice et de la Santé. Les entretiens menés par une équipe pluridisciplinaire sont quotidiens. Des bilans réguliers sont organisés tant sur le plan biologique que neuro-encéphalique. Ce type d'établissement est sécurisé par l'administration pénitentiaire sur le modèle canadien qui a déjà fait ses preuves. L'intéressé est assisté d'un avocat et peut à tout moment demander que la mesure soit levée, avec possibilité de faire appel d'un éventuel rejet.

Hélas, comme je pouvais le craindre, les juges, s'affranchissant de la volonté du législateur, rechignent à prononcer cette mesure. Seule une poignée de condamnés ont fait l'objet à ce jour d'une rétention de sûreté. En outre, lorsque, après les attentats de 2015, la droite propose d'étendre ce dispositif aux terroristes dangereux, elle est retoquée par la majorité d'Emmanuel Macron. Qui en répondra si demain un terroriste libéré sans aucune mesure contraignante devait commettre un nouvel attentat sanglant ?

On l'aura compris, une lutte efficace contre l'ensauvagement de notre société, sous toutes ses formes, nécessitera une fermeté sans faille à l'égard des criminels, dans le respect, de l'État de droit et des valeurs qui fondent notre démocratie. Il nous faut en finir avec les vieux démons de l'idéologie absolutoire, pour enfin garantir à nos concitoyens leur droit légitime à la sécurité, première des libertés. Il y va de la survie de notre modèle républicain et de notre cohésion nationale. Si la réinsertion du délinquant est un but louable, n'avons-nous pas, juges et politiques, simplement oublié que toute politique pénale doit marcher sur ses deux pieds : la prévention et la répression ? À force de vouloir toujours lutter contre les causes du crime, en ménageant le criminel, tout un courant au sein de la magistrature a fait table rase de la notion de libre arbitre de l'individu. Comme si les transgressions n'étaient que les conséquences mécaniques d'un déterminisme social, d'une situation extérieure qui échapperait à la volonté et à la responsabilité personnelle. Dès lors, à quoi bon punir, se demande-t-on ? C'est de cet aveuglement idéologique qu'il faut s'extirper. Il n'y a plus une minute à perdre pour opérer un changement radical face aux multiples menaces sécuritaires.

Au fond, je suis intimement convaincu que la meilleure des préventions reste la certitude de la répression. La fonction de punir revêt cette vertu qu'elle dissuade du passage à l'acte et de l'ancrage dans la récidive. Je n'oublierai jamais le visage lumineux d'Abdelkrim, sur ce quai de Saône, face au palais de justice de Lyon, me disant toute sa reconnaissance d'avoir interrompu son parcours de délinquant.

Proposition pour en finir avec la politisation syndicale de la justice

Création d'une commission d'enquête parlementaire aux fins de rechercher les influences à caractère politique, au sein de la magistrature, et proposer toutes réformes nécessaires pour lutter contre les atteintes à la séparation des pouvoirs et garantir l'indépendance et la neutralité de la justice.

Remerciements

Mes remerciements vont à Pierre-Marie Sève et Laurent Lemasson de l'institut Pour la Justice, pour leur aide précieuse et leurs encouragements.

Table

En mémoire de... 7

Introduction 11

Chapitre 1
La fracture sécuritaire 15

L'explosion de la criminalité violente 17

Face à face 27

L'impuissance 35

Terroristes, combattants de la liberté ? 41

Chapitre 2
Immigration et délinquance, briser le tabou 53

En finir avec le déni 55

En finir avec la France Eldorado 63

Échec de l'intégration 71

En finir avec la repentance coloniale 81

Chapitre 3
Les juges révolutionnaires 97

1968, l'année du Big Bang 99

Soyez partiaux 107

Bouillonnement idéologique 113

Hold-up sur la justice 117

« Le problème de la police, c'est la justice ! » 131

Chapitre 4
La capitulation des politiques 143

Un juge en politique ? 145

L'arme dissuasive 151

Guerre ouverte 163

La contagion 177

Retour de l'angélisme 181

Abolir la prison 187

Les peines à la trappe 195

Conclusion 205

Proposition pour en finir
avec la politisation syndicale de la justice 211

Remerciements 213

Achevé d'imprimer en octobre 2023
sur les presses de
La Manufacture - Imprimeur – 52200 Langres

Tél. : (33) 325 845 892

N° imprimeur : 230728 - Dépôt légal : août 2023
Imprimé en France